企业数字化转型

组织变革与创新赋能

陈玉平
董　路
李　肖　著

化学工业出版社
·北京·

内容简介

我们正在见证一场极具创新性的变革,没有跟上发展潮流的企业逐渐被淘汰,新一批现代企业茁壮成长。而引发这场变革的原因,正是数字化转型。很多企业对数字化转型的理解过于片面,认为数字化转型就是用机器或技术代替人力,在错误观念的影响下,企业很难推动数字化转型真正落地。

《企业数字化转型:组织变革与创新赋能》致力于帮助企业更高效地完成数字化转型,在介绍数字化转型由来和本质的同时,还深入分析了数字化转型的方法和技巧,以及对企业的影响、给企业带来的价值。另外,本书还解读了大量数字化转型成功案例,推荐了一些数字化转型实用工具,目的是让读者真正理解数字化转型,推动企业尽快实现数字化转型。

图书在版编目(CIP)数据

企业数字化转型:组织变革与创新赋能/陈玉平,董路,李肖著. —北京:化学工业出版社,2023.11
ISBN 978-7-122-43951-2

Ⅰ.①企… Ⅱ.①陈…②董…③李… Ⅲ.①企业管理-数字化 Ⅳ.①F272.7

中国国家版本馆CIP数据核字(2023)第145898号

责任编辑:刘 丹
责任校对:宋 夏
装帧设计:王晓宇

出版发行:化学工业出版社
　　　　(北京市东城区青年湖南街13号 邮政编码100011)
印　　刷:北京云浩印刷有限责任公司
装　　订:三河市振勇印装有限公司
710mm×1000mm 1/16 印张14$\frac{3}{4}$ 字数185千字
2024年1月北京第1版第1次印刷

购书咨询:010-64518888
售后服务:010-64518899
网　　址:http://www.cip.com.cn

凡购买本书,如有缺损质量问题,本社销售中心负责调换。

定　　价:78.00元　　　　　　　　　版权所有　违者必究

前言
PREFACE

近几年，数字化转型是一个热点，并成为一个高频词被人们频频提及。这是时代的变革和市场形势的不确定性使然。尤其是随着大数据、AI、云计算、物联网、区块链等技术的不断升级，企业势必要更深入地探索数字化转型。

面对数字化转型带来的挑战，企业逆水行舟，不进则退。换言之，如果企业不重视数字化转型，就会被时代抛弃，被竞争对手超越，最后被市场边缘化，以致不得不出局。毫不夸张地说，数字化转型已经成为企业的"看家本领"，但隔行如隔山，数字化转型道路上充满问题和挑战，导致企业步履维艰，甚至"伤痕累累"。

为了在激烈的竞争中立于不败之地，抓住新时代发展机遇，很多企业都把数字化转型作为重点战略，尽力推动数字化转型顺利落地并达到预期效果。想要顺利完成数字化转型，企业需要考虑以下几点要素。

（1）数字经济对行业的影响，明确企业为什么要进行数字化转型。

（2）如何引进和应用大数据、AI、云计算、物联网、区块链等技术，让这些技术与业务流程融合，推动企业运营效率进一步提升。

（3）如何进行数字化能力建设，培养更多优秀的数字化人才。

（4）数字化转型战略布局，培养战略思维，根据内部和外部的实际情况制定适合自己的数字化转型方案，并学习和借鉴成功企业的经验。

（5）打造产业互联网和中台，为数字化转型落地提供有力的保障。

（6）数字化转型如何为商业模式、组织管理、制造、营销、物流、采购、财务等环节赋能。

针对这些环节，企业要制订切实可行、具有操作性的数字化转型计划，并按部就班地推动数字化转型实施和落地，从而尽快达到降本增效的目的。

本书紧紧围绕上述数字化转型要素进行创作，可以帮助缺乏数字化转型相关知识和实践经验的读者掌握数字化转型的方法和技巧。笔者将创新的思维模式和独特的理论观点浓缩成本书奉献给读者，希望读者能事半功倍地完成数字化转型事业。

通过阅读本书，读者可以学到与数字化转型相关的各种知识。本书还引入了很多极具代表性的案例和精美的图表，希望读者可以有一段轻松、愉快的学习之旅。

著　者

目录

上篇 开启数字化新阶段

第1章 时代赋能：开启数字化转型新时代　　002

1.1 数字经济时代已经来临　　002
    1.1.1 拥抱数字经济不是选择而是必然　　003
    1.1.2 数字经济将引领企业革命　　005

1.2 "数字化"标签覆盖诸多行业　　007
    1.2.1 工业：发展智能制造，提升全要素生产率　　008
    1.2.2 互联网：夯实技术基础，提升企业运营效率　　009
    1.2.3 零售：技术结合生活场景，优化用户体验　　010

1.3 数字化转型是企业的必经之路　　013
    1.3.1 困境：传统企业面临的问题　　014
    1.3.2 数字化企业的九大特征　　016
    1.3.3 华为：数字化转型战略分析　　017

第2章 技术支撑：数字化转型的五大关键技术　　020

2.1 大数据：为数字化转型提供洞察力　　020
2.1.1 商业价值分析：大数据为何如此重要　　020
2.1.2 大数据是如何被应用的　　022

2.2 AI：赋能数字化转型多场景　　023
2.2.1 应用场景：AI的商业化进程　　024
2.2.2 数字化转型背景下的AI战略　　026

2.3 云计算：为数字化转型提供加速度　　027
2.3.1 数字化时代，业务上云成为标配　　027
2.3.2 华为云＋良品铺子：打造全渠道零售模式　　029

2.4 物联网：连接数字化转型各环节　　030
2.4.1 万物互联已经实现了吗　　030
2.4.2 物联网平台有什么作用　　031

2.5 区块链：保障数字化转型的信息安全　　033
2.5.1 区块链本质：一个分布式账本　　033
2.5.2 区块链是打造信任的利器　　035
2.5.3 区块链与供应链的"化学反应"　　036

第3章 能力建设：实现数字化转型的必要准备　　038

3.1 数字化能力是企业必备的能力　　038
3.1.1 数字化能力是企业的关键竞争力　　038
3.1.2 多个维度衡量数字化能力　　040
3.1.3 提升数字化能力的4个重点　　043

3.2 数字化能力的打造 048
    3.2.1 架构分析：数字化能力有3个层次 049
    3.2.2 打造新时代的数字化人才库 050

第4章 战略布局：数字化转型的关键之举 052

4.1 数字化转型战略思维 052
    4.1.1 你准备好开始数字化转型了吗 053
    4.1.2 数字化转型要服从现有战略 055
    4.1.3 警惕数字化转型的误区 059

4.2 措施：数字化转型落地方案 062
    4.2.1 数字化转型必备工具——金字塔模型 062
    4.2.2 制胜关键点：战略思维数字化+生态创新 063
    4.2.3 数字化转型的成长路径 066

4.3 案例分析：数字化转型的先锋企业 069
    4.3.1 Nike：做精益求精的数字化转型 069
    4.3.2 美年大健康：建立数字化开放平台 070
    4.3.3 定制家居集团：拓客与交付的完美转型 071

第5章 标准配置：产业互联网与中台建设 077

5.1 数字化转型升级：产业互联网 077
    5.1.1 基础概述：什么是产业互联网 078
    5.1.2 产业互联网的价值和使命 080
    5.1.3 打造产业互联网的六大步骤 081

5.2 中台是实现数字化转型的"利器" 083
    5.2.1 基础概述：什么是中台 083
    5.2.2 中台的3种类型 085
    5.2.3 中台建设的三大原则 088
    5.2.4 地产企业：积极开展双中台战略 090

下 篇
数字化为企业赋能

第6章 数字化赋能商业模式 094

6.1 数字化打破原有商业模式 094
    6.1.1 思维升级：利润提升30%与300%，哪个更容易 094
    6.1.2 重组商业模式，以创新推动变革 096
    6.1.3 技术升级：轻资产模式受到追捧 098

6.2 打造数字化商业模式 100
    6.2.1 摒弃流量型商业模式 100
    6.2.2 实现IP商业化 101
    6.2.3 收入模式：多频化+多元化 102

6.3 实现商业模式转型的关键点 104
    6.3.1 关注品牌定位 104
    6.3.2 创新产品路径 106
    6.3.3 进一步提升服务体验 109

第7章　数字化赋能组织管理　　111

7.1　数字化时代的组织变革　　111
7.1.1　数字化转型推动组织变革　　111
7.1.2　通过内部创业应对组织变革　　113
7.1.3　培养敏捷、高响应力组织　　115

7.2　控制型文化VS赋能型文化　　116
7.2.1　雇用新模式：建立人才联盟　　117
7.2.2　组织新能力：业务部门与技术部门实现协作　　118
7.2.3　开放、自由的新型文化是如何形成的　　119

7.3　构建数字化办公空间　　120
7.3.1　转型工具：ICT基础设施　　120
7.3.2　沟通与协作工具提高效率　　121
7.3.3　现代化设备：智能终端　　124

7.4　管理者要适应数字化转型　　125
7.4.1　管理者必须明确愿景、使命、价值观　　125
7.4.2　"创新DNA"：管理者必备能力　　127

第8章　数字化赋能制造　　130

8.1　制造数字化为智能制造指明方向　　130
8.1.1　制造数字化是如何变革的　　131
8.1.2　智能制造"呼唤"规模化敏捷研发　　134
8.1.3　生产路径创新：制造数字化结果　　138

8.2 数字化时代的生产模式变革　　　　　　　　　　141
　　8.2.1 打造完善、强大的工程体系　　　　　　141
　　8.2.2 无处不在的数字工厂　　　　　　　　　143
　　8.2.3 智造单元：生产模式变革的抓手　　　144

8.3 制造数字化四大要素　　　　　　　　　　　　146
　　8.3.1 价值驱动：好产品＋优服务　　　　　　146
　　8.3.2 人机驱动：把机器变成智能化的"工人"　147
　　8.3.3 质量和效率驱动：引进技术　　　　　　149
　　8.3.4 思维驱动："生态链思维"　　　　　　　150

第9章　数字化赋能营销　　　　　　　　　　　　151

9.1 数字化趋势下的营销变革　　　　　　　　　　151
　　9.1.1 营销与技术紧密融合　　　　　　　　　152
　　9.1.2 大力发展无人零售　　　　　　　　　　154
　　9.1.3 程序化购买：营销变革的新风口　　　　156

9.2 创新营销渠道，精准触达用户　　　　　　　　158
　　9.2.1 前端渠道：与用户直接互动　　　　　　158
　　9.2.2 内容渠道：兼具私密性与社交性　　　　158
　　9.2.3 直播渠道：为品牌积攒人气　　　　　　159
　　9.2.4 数字化时代，泛渠道必不可少　　　　　160

9.3 服务创新：为用户提供极致体验　　　　　　　163
　　9.3.1 数字化时代的用户身份转化　　　　　　163
　　9.3.2 大数据让消费变得更精准　　　　　　　166
　　9.3.3 会员体系变革：线上与线下连接　　　　168

9.4 营销数字化转型之道　　170
 9.4.1 从入口思维到全触点思维的转化　　170
 9.4.2 如何做好移动营销　　173
 9.4.3 链接式营销：技术+内容+社群　　176

第10章　数字化赋能物流　　**180**

10.1 数字化时代的物流变革　　180
 10.1.1 物流体验进一步优化　　180
 10.1.2 机器人在智慧物流中的应用　　183

10.2 如何打造数字化物流　　187
 10.2.1 利用补货模型，实现智能补货　　187
 10.2.2 动态运输网络实现物流信息化　　189
 10.2.3 数字化系统连接上下游企业　　189

10.3 跟着数字化先锋学习物流转型技巧　　191
 10.3.1 徐工：借助"云轨道"实现自动化装载传送　　191
 10.3.2 华为：围绕用户进行供应链建设　　192
 10.3.3 宝洁：引进"千场千链"模式　　193

第11章　数字化赋能采购　　**196**

11.1 采购3.0：数字化时代的产物　　196
 11.1.1 采购编年史：从采购1.0到采购3.0　　196
 11.1.2 做好数字化采购的关键点　　198
 11.1.3 实现数字化采购的五大要素　　199

11.2 新型采购模式：共享+协作 202
    11.2.1 共享采购：迎合采购集约化趋势 202
    11.2.2 协作采购：兼顾内部与外部协作 203

11.3 如何实现采购的全流程数字化 204
    11.3.1 采购前期：电子招投标 205
    11.3.2 采购中期：采购与合同管理 205
    11.3.3 采购后期：财务结算协同 206
    11.3.4 FMEA：有效控制和降低采购风险 207

第12章 数字化赋能财务 208

12.1 财务转型是大势所趋 208
    12.1.1 财务转型的必然性 208
    12.1.2 财务数字化转型有哪些难点 210
    12.1.3 财务转型以"三化"为核心 211

12.2 数字化财务的核心是共享 214
    12.2.1 财务共享的发展趋势 214
    12.2.2 在企业内部建设财务共享平台 215
    12.2.3 智能财务机器人加速财务共享进程 218

12.3 数字化转型之税务变革 219
    12.3.1 变革：无纸化时代来临 219
    12.3.2 税金管理模式是如何变革的 221
    12.3.3 OCR扫描与电子发票助力财务转型 222

上 篇

开启数字化新阶段

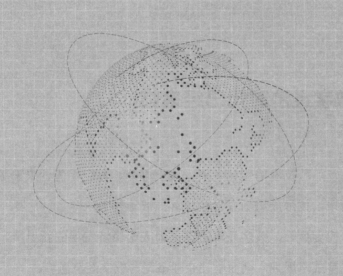

第 1 章 时代赋能：开启数字化转型新时代

如今，数字经济给全世界带来巨大变化，数字化转型已成为企业不可回避的问题。根据IDC（International Data Corporation，国际数据公司）的一项调查，在全球排名前2000的企业中，有2/3的企业CEO将数字化转型作为企业未来的发展战略。阿里巴巴新任"掌门人"张勇曾在杭州云栖大会上表示："在数字化驱动和承载的新经济和新社会当中，一切都在被重新定义。"

1.1 数字经济时代已经来临

近年来，随着技术的迅猛发展，线上办公、智能零售、未来工厂等新模式不断涌现，技术应用场景日益丰富，带动数字经济蓬勃发展。

在技术的支撑下，数字经济逐渐成为我国经济发展的新引擎。企业也应该不断完善战略规划，全面推动企业战略与数字经济融合。

1.1.1 拥抱数字经济不是选择而是必然

近年来,大数据、AI、ChatGPT等新名词进入大众视野,数字化浪潮一浪接一浪,给各个行业带来颠覆和变革。数字经济是一种建立在数据基础上的新的经济社会发展形态,依托互联网、云计算、区块链、大数据等技术改变社会,为社会带来很多新变化和新事物,如信息消费、机器人、产业互联网、数字工厂、共享经济等,如图1-1所示。

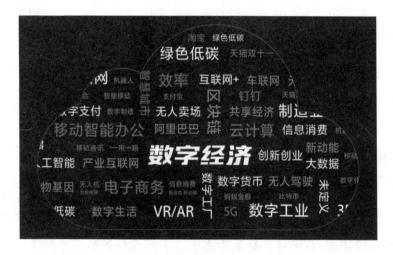

图1-1 数字经济的内涵

通过观察数字经济在全球的发展现状,我们不难发现,数字经济不仅是发达国家经济增长的核心动力,还是发展中国家增加就业机会、提升综合实力、增强国际竞争力的重大机遇。发展数字经济,可以提高信息技术水平,产生大量的就业机会,还可以帮助企业追赶新模式、新业态的投资风口。

不过,目前我国大部分企业数字化转型的程度和水平还比较低。国内消费市场的变化虽然催生了许多新的消费需求,但是消费者被细分,产品生命周期缩短,这些矛盾加剧了企业之间的竞争。

企业的日常运转是通过流程推进实现的，员工作为流程上的节点，能够推动流程顺利完成，但是企业经营中往往会出现一些问题。例如，企业中各部门各司其职，工作衔接不畅，员工之间、部门之间往往因为确认和推进工作进度而产生无效和多余的沟通，浪费时间和精力。这样不仅无法激励员工发挥自身的创造力和创新力，还会消磨员工的耐性和积极性。

企业要想在激烈的竞争中胜出，并谋求效益最大化，实现高质量发展，就必须根据自身的内在需求，采取数字化转型战略。企业可以搭建统一、完善的数字化管理平台，串联各部门的工作，使工作流程透明化、简洁化，使员工能够在线上实时确认工作进度，从而高效、协同地完成任务。企业应秉持"以人为本"的理念，使流程、系统和机器为员工的工作提供便利，将员工从重复、无意义的劳动中解放出来，挖掘员工的创新能力，塑造人才优势。

目前，国内一些企业通过数字化转型，实现了科技赋能，打造出高端化、智能化、绿色化的生产体系。例如，安丘博阳机械制造有限公司的生产车间已经实现5G信号全覆盖，还搭建了高端装备制造生产线，仅需一人控制管理平台即可完成生产任务。根据测算，进行数字化转型后，该企业的能耗降低了40%以上，产品合格率达到99%，在降低用工成本、减少人员投入的同时，提高了人均产值，增加了收入。

IDC中国区副总裁兼首席分析师武连峰表示，数字化转型领先者和落后者的差距正在拉大。IDC对全球企业的研究报告显示，实现了数字化转型的企业的销售额保持年均10%以上的增长，年均利润实现12%以上的增长，而未实现数字化转型的企业的销售额则与之前持平或下降。对于企业而言，拥抱数字经济，积极进行数字化转型，已不是选择，而是必然。

1.1.2 数字经济将引领企业革命

处在科技革命和产业变革关键期的企业，应抓住科技革命和产业变革机遇，抢占未来发展制高点。实体经济能够为数字产业的发展创造巨大外部需求，提供重要产业基础，而数字经济能够引领企业革命。两者的融合能够释放巨大的生产力和经济增长潜力，在拉动市场投资的同时，扩大传统消费规模，推动经济增长。

加快发展数字经济可以推动企业发挥创新主体和市场主体的作用，推动新型数字基础设施建设。企业可以通过搭建智能化管理平台进行数字化转型，改革传统的产品生产线，降低用人成本，提高生产效率。技术能为企业提供可视化的碳排放数据，完善环境信息披露等数据共享平台，助力企业节能减排，实现绿色化转型。

发展数字经济还可以使企业重视研发核心技术，加大资金投入，进一步提高企业的研发能力。企业在芯片、AI等领域的研发有助于填补行业中某些关键领域的空白，提高企业的国际竞争力，还有助于加强核心技术攻关，掌握数字经济发展的主动权。

另外，数字贸易作为数字经济发展的有力推手，在数字化转型中发挥了很大价值。它是一种新型贸易模式，涉及跨境电商、支付、物流、海关等环节，还囊括了数字内容服务、数字技术服务、其他可数字交付的服务等多种服务形式，如图1-2所示。

在数字经济时代，企业应顺应数字贸易浪潮，开展跨境电商业务，不断扩大消费市场和用户群体，从产品端、服务端、合作端入手推动全球价值链重塑，如图1-3所示。

数字贸易在提升贸易效率、优化贸易流程、降低贸易成本、催生新兴产业等方面发挥着越来越重要的作用。在数字贸易深入发展的过程中，价值链各端的企业通过数字化技术整合跨境资源，为全球关联企业的产品设计、生

图1-2 数字贸易

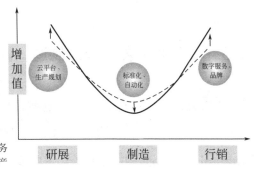

产品端：转变商品价值创造模式
生产方式逐渐转变成数字化生产方式，实现价值链产品端重构。

服务端：变革企业服务形式
打破时间与空间限制，改变全球各国间信息服务方式。

合作端：深化产业融合
随着数字技术迭代升级，物流服务产业、信息服务产业与金融服务产业的黏合度日渐强化。

图1-3 数字贸易重塑全球价值链

产加工、经贸合作、营销服务等提供多元化支持，驱动全球价值链重塑。

数字经济、数字贸易蓬勃发展，企业迎来跨境交易的红利期，多维、立体的多边经贸合作模式极大地拓宽了企业进入国际市场的路径。想要开展数字贸易的企业，可以和数据服务商合作，这样既能获得跨境贸易所需的资源和渠道，也能获得数据服务商提供的营销服务。

数字经济为企业带来了极大的发展机遇，也使企业面临着更大的挑战。企业既要提升自己的管理能力，完善管理制度，还要提升资源配置效率，利用技术进行全方位改造，促进生产系统化、智能化，加快变革，实现高质量发展。

1.2 "数字化"标签覆盖诸多行业

数字经济不断发展，数字化进程持续加快，大多数企业都将朝着数字化的方向发展。与数字化相关的技术和设备将变革产品开发、设计、制造和服务过程，促进生产效率的提升，能尽快实现数字化转型的企业更容易抢占发展先机。

1.2.1　工业：发展智能制造，提升全要素生产率

Blizzard（布利扎德）是奥地利著名的滑雪板生产企业，成立至今已经有70多年历史，在滑雪爱好者心中有着不可替代的地位。然而近些年，Blizzard在发展过程中遇到了一些瓶颈，发展速度放缓。

首先，滑雪板的生产工艺比较复杂，某些滑雪板需要16周的生产时间；其次，用户需求发生了变化，Blizzard研发的近千种滑雪板不可能全部进行大规模生产，但在进行市场调研后再付诸实践就无法及时响应市场需求。

为了解决上述问题，Blizzard对自身的生产流程进行了智能化升级。在经过全面改造后，Blizzard的管理系统与生产系统相互连接，管理人员可以对产品生产过程进行监控，实时了解产品的生产状态。管理人员在进行生产决策时，不仅可以实时调取产品的销售信息和库存情况，还可以实时获取市场调研报告，并根据调研报告及时对生产决策进行调整。这种智能生产模式大幅提升了Blizzard的生产效率，进一步巩固了Blizzard的行业地位。

与精准、高效的智能化生产相比，需要人工操作的流水线生产很难满足如今的市场需求。智能化生产可以通过代码将生产的规则映射给机器，有效避免出现工人因长时间进行机械操作而产生误差的情况。同时，智能化生产也更便于管理。在过去的生产模式中，工人会参与每个生产环节，管理人员不得不多方面考虑工人的因素。智能化生产最大限度地降低了工人的参与度，大幅提升了制造企业的管理效率。

从长远的角度来看，智能化生产还能显著降低制造企业的运营成本。在生产过程中，智能化生产采用最优的生产方式和管理模式，可以有效避

免资源浪费，从而降低原料采购成本。机械设备的更新换代大幅减少生产所需的工人数量，降低了人工成本。

当前，各项技术之间不存在壁垒，技术融合的过程也是相互促进的过程，智能化生产为技术提供了融合和提升的平台，也让更多技术从实验室中"走"了出来。自动化、大数据、物联网等先进技术是智能化生产的核心引擎，智能化生产的更新换代也将促使这些技术不断提升。

随着技术的持续发展，许多制造企业开始进行智能化改造。"机械臂出现在这座工厂中，显示出随着中国劳动力成本的上升，中国的电子产品制造商面临日益增大的自动化压力。"这是《华尔街日报》对重庆某家电子制造企业的描述。在配置了数条机械臂后，这家企业的自动化水平得到显著提升，走在了国内电子信息制造行业的前沿。

发展至今，"中国制造"的电子产品早已遍布世界各地。迈世腾科技是我国唯一一家同时获得三星集团一级供应商资质与授权同步研发商资质的企业，是国内电子信息产业的龙头企业之一。

2020年下半年，为了提升生产线的自动化水平，迈世腾科技投入了2500万元进行生产设备的研发与制造。随着这些生产设备投入使用，迈世腾科技的自动化水平持续提升，在改造完成后，迈世腾科技的生产线形成全自动的生产闭环。技术水平的提高进一步拓展了迈世腾科技的产品市场。截至2023年1月25日，迈世腾科技的订单金额已达2.7亿元。

智能化生产模式更好地满足了市场的需求和社会发展的要求，全面推动了整个制造行业的发展，实现了经济效益与社会效益同步提升。

1.2.2　互联网：夯实技术基础，提升企业运营效率

在数禾科技成立5周年时，CEO徐志刚在周年庆典上表示，未来5年，数禾科技将继续深化数字化转型来实现企业的自我革命，实现经营效率的

再提升。徐志刚还表示："深化数字化转型并不是要重新造'轮子'，而是要以开放的观念、视野，站在行业高度，探索自身差异化发展路径，以领先的技术和系统，实现企业整体运营效能的提升。"

从十几人的团队发展为近千人的大企业，数禾科技仅用了5年时间。在发展的过程中，数禾科技不断夯实自身的技术基础，与30余家金融机构建立了深度合作关系。截至2023年6月，旗下"还呗"App累计激活用户有1.3亿。

从0到1，再到行业领先，数禾科技将多年积累的运营经验与技术基础按照"MOB"模式进行了梳理。其中，"M"指Managerial System（管理系统），它帮助数禾科技实现了绩效评价、资源配置等财务工作的数字化转型；"O"指Operation System（运行系统），它帮助数禾科技提高了资金方与用户之间的匹配通过率；"B"指Business System（商业系统），它帮助数禾科技优化了资信、维度表等标签的计算方法。

数禾科技已完成的单独模块的数字化赋能是1.0版本，而深度数字化转型的2.0版本，至少拥有两层内涵：一是要横向增强，即提升并强化技术应用；二是要纵向打通，即全系统数字化统一、智能化运营。

MOB模式帮助数禾科技的合作伙伴提升了工作质量，使其获得更高的合作回报率，更好地满足了经济市场的需求和社会发展的要求。

随着技术的持续发展，互联网企业纷纷夯实自身的技术基础。MOB模式有效地提升了企业运营过程中的数据使用效率，为企业的资源配置、产品设计、用户延伸等工作提供了数据支持。

1.2.3 零售：技术结合生活场景，优化用户体验

技术的快速发展带动了众多行业的创新与变革，零售行业也不例外。在技术的影响下，零售行业发生了以下几种变化，如图1-4所示。

第1章 时代赋能：开启数字化转型新时代

图1-4 零售行业的几种变化

（1）信息形式的变化。技术催生了短视频、直播等影像形式的信息传播方式，动摇了图像、图文、文字等传统传播方式的地位。这种变化使零售企业无法继续依靠原有的方式与用户沟通，它们必须与用户建立互动性更强的连接方式，为用户提供极致的消费体验。

（2）交易链的变化。如今，消费升级如火如荼，相较于产品质量和销量，用户更在乎企业可以给他们提供怎样的消费体验。这意味着，企业要打造数字化交易链（图1-5）。在数字化交易链中，从线上线下消费、线上线下支付，到物流配送，再到交易评价和私域沉淀，每个环节都蕴藏着创新机会。例如，在物流配送环节，企业可以采取就近提货、总仓发货、门店配送等方式，为用户提供更贴心的服务。

（3）交易对象的变化。在过去，零售企业的交易对象主要是供应链中上游的品牌商和代理经销商。如今，用户逐渐成为商业竞争中必须争夺的宝贵资源。充分了解用户的需求和消费体验，构建沉浸式的消费场景，成为零售企业增强竞争力的有效途径。

（4）基础设施的变化。传统零售产品的流通速度较慢，通常需要经过

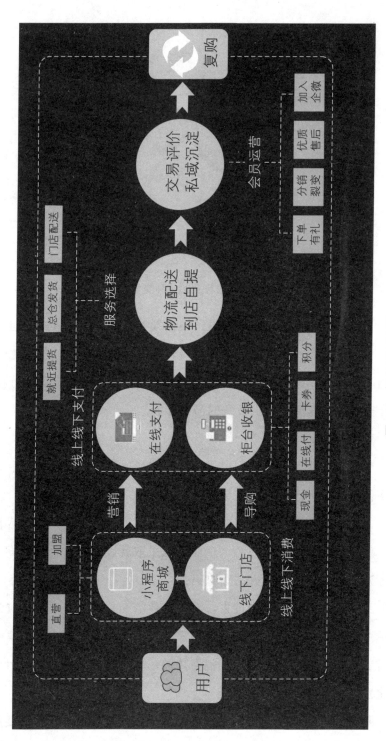

图 1-5 数字化交易链

"进货—销售—积存"3个步骤，行业整体的需求响应效率较低，成本较高。随着零售行业数字化程度的加深，零售企业的业务流程也朝着数字化方向发展，而全流程数字化的实现需要以硬件设施为基础支撑，这就要求零售企业在门店内添置大量数字化基础设施。

（5）消费主体的变化。随着技术的发展，智能手机已经成为人们生活的一部分。如今的消费主体将智能手机作为数据输入、管理终端，利用智能手机传达自身的互动需求和消费需求。零售企业可以研发专属应用程序，采集用户的偏好数据，实现精准的营销推广，发挥其最大的作用。

以上种种变化改变了零售企业的经营环境，零售企业不得不将增强自身快速响应能力、优化销售决策、减少库存积压作为战略目标。这不只是门店针对用户需求采取的优化措施，在庞大的用户数据的支撑下，实现上述战略目标的零售企业势必可以占尽先机。

杰和科技将智能零售系统与基础硬件设施结合，为零售门店的智慧化升级提供解决方案，成为国内智慧零售行业的领跑者。智能零售系统可以帮助门店将用户的往期消费行为绘制成产品需求视图，为门店进货提供科学合理的参考，有效减轻门店的产品库存压力，显著提升门店的资金利用效率。

智能零售门店不仅可以满足用户的日常需求，还可以增强用户黏性，提升产品的复购率，为零售行业注入活力。

1.3 数字化转型是企业的必经之路

传统管理、经营模式下的制造企业受到了互联网的冲击，许多企业因为缺乏科学的管理模式和不能顺应时代潮流，而利润下降、市场占有率降低，甚至面临破产和倒闭的生存危机。数字经济时代已经到来，以互联网企业为标杆进行数字化转型是企业"起死回生"的有效途径。

1.3.1　困境：传统企业面临的问题

传统企业是相较于信息时代诞生的互联网企业而言的，既指生产石油、食品、纺织、机械等有形产品的企业，也指管理模式与经营模式不同于现代企业，具有区域特色的企业。

如今，互联网科技飞速发展，数字经济对经济发展的作用越来越重要。新时代要求企业具备互联网思维，拥有改革经营体系、把握消费者心理的能力。但是，许多传统企业仍旧面临着缺乏资金、技术的情况，难以实现数字化转型，甚至找不到改进、补救的方法。传统企业可以以生机勃勃的互联网企业为"镜"，照见企业发展中存在的不足之处，如图1-6所示。

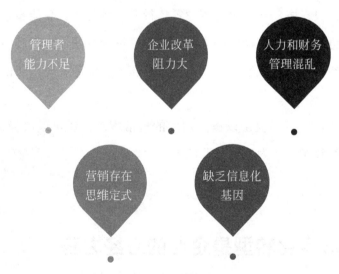

图1-6　传统企业面临的问题

（1）管理者能力不足。企业的兴衰成败往往取决于管理者管理水平的高低。面对数字经济带来的机遇与挑战，一些传统企业的管理者不具备敏锐的洞察力，不易察觉消费需求、市场趋势的变化，缺乏敢于改革、敢于创新、掌控全局、灵活应对的勇气、魄力和能力。在发展阶段，一些传统企业的管理者容易被短暂的红利蒙蔽，不能居安思危，也没有加大研发投入和规划产品布局的意识。在转折期，一些传统企业的管理者消极应对，错过转型升级的黄金期。

（2）企业改革阻力大。一些传统企业在转型时，往往会遇到缺乏资金的情况，这是一个很大的改革阻力。生存困难的传统企业难以获得投资者的青睐，无法顺利融资。而且变革往往会颠覆员工原有专业知识结构、已有权利关系、已有资源分配体系，因此企业可能会遇到来自部分员工的阻力。

（3）人力和财务管理混乱。企业对人力资源管理不当会使员工流动过于频繁，导致高素质人才流失。员工流动性过大，往往意味着企业的招聘管理、培训流程、考核制度、评价体系等方面存在漏洞，不利于企业培养核心人才。财务管理涉及筹资管理、投资管理、营运资金管理和利润分配管理，管理人员水平不高可能导致财务管理工作不能科学、高效地进行，直接影响企业的战略转型。

（4）营销存在思维定式。一些传统企业在发展中积累了许多营销经验，形成了固定的思维模式，缺乏创新的活力。例如，有的传统企业认为，推广产品时只需要想出一条经典的广告语，并融入情怀、文化等元素，就能激起消费者的购买欲望，而不需要刻画目标群体的画像、挖掘潜在消费者的消费需求。这样的广告即使能够在互联网上得到大范围传播，本质上还是在走传统营销的老路。

（5）缺乏信息化基因。缺乏信息化基因的企业在资源整合上会浪费更多的时间和精力。数据不直观、不全面，反映的市场信息失真。数据处理效率低则会严重影响企业对市场风向的判断，导致企业做出无效的决策。

除了以上几点外，传统企业还面临着产业转移困难、竞争力不强、产能过剩、生产成本高、利润空间小、招工困难等问题。这些问题限制传统企业的发展，影响传统企业的转型升级，甚至使传统企业面临破产、倒闭的危机。

1.3.2 数字化企业的九大特征

数字化企业将信息技术运用于经营管理、产品设计、原料采购、制造、营销推广等方面，从而能够管理、掌握产品生产全流程的所有活动，实现信息技术与企业业务的融合。

与传统企业相比，数字化企业主要具有以下9个特征。

（1）标准化。数字化企业具有完善的管理制度、管理标准和信息技术标准，能够有效地发挥出引导、规范、约束信息化工作的作用，并且能够结合自身发展情况，通过整合内外部数据，及时优化工作流程，推动企业的智能化决策。

（2）网络化。数字化企业有良好的信息基础设施，能够实现企业内部网络全覆盖。并且，数字化企业之间的网络化能够使数字化企业广泛地利用各类社会资源，突破地域限制，实现全球制造。

（3）集成化。数字化企业能够结合信息技术、管理技术和制造技术打造一个信息、数据交换共享的平台，能够通过实时同步更新信息打破信息孤岛，还能够通过信息集成减少因为手动输入、编辑、纠正数据条目导致的数据重复和数据错误问题，提高数据的安全性和稳定性。

（4）协同化。数字化企业已经不再满足于实现内部的协同，转向创建数字化供应链，打通产业链全链条。协同产业上下游，有助于企业实现高效率价值传递，提高信息开放水平，还有助于企业和更多的市场主体合作，共同构建数字生态圈。

（5）敏捷化。借助于大数据收集数据和监控的功能，数字化企业可以敏锐地发现市场需求，及时响应，缩短产品生产流程，降低数字化转型的成本。企业还可以利用基于云原生架构的IDaaS（Identify as a Service，身份即服务）来建设身份管理基础设施，提升员工的工作效率。

（6）绿色化。数字化企业可以通过工业能耗管理平台实现能源可视化管理，监测电、水、石油、燃气等资源消耗的情况，再根据数据分析减少不必要的消耗，提高能源利用率。某些企业还会通过研发新能源产品等方法降低产品的碳排放量，并建立相关的二手交易与回收平台，以实现企业绿色生产、市场绿色消费、产品绿色回收的目的。

（7）连接化。连接化指的是数字化企业不仅能够实现企业内部人与人之间、人与物之间、物与物之间的连接，还能够实现企业与企业、企业与上下游合作伙伴、企业与数据的外部连接，有利于优化市场资源配置。

（8）共享化。数字化企业能够实现共性业务的平台化和服务化，可以将数据和业务集中并实现全平台共享。中国信息通信研究院联合众多企业成立的国内首个企业数字化发展共建共享平台，推动国内企业数字化转型，并致力于打造具有国际竞争力的数字产业集群。

（9）自动化。数字化企业的自动化不仅体现在产品生产阶段，还体现在各种业务流程中。例如，在报销流程中，传统企业的员工需要填写纸质报销申请，整理发票并辨别发票的真伪。但大数据技术可以直接辨别发票的真实性，还可以根据发票自动填写信息，减少财务人员的工作量。

1.3.3 华为：数字化转型战略分析

企业在数字化转型的过程中面临着诸多难题，不过，企业在数字化转型中遇到的根本性问题不是某一项技术的升级，而是决策层的转型思维和转型方法。下面通过分析华为数字化转型的战略规划，为企业数字化转型提供参考。

华为的数字化转型规划团队在研究和解读企业的业务战略时，提取出业务战略的关键词：超大规模、多业务形态、全球化。这意味着华为的数字化转型愿景必须包括进行业务重构、支撑业务增长、提升业务效率、简化交易步骤、拓展生态伙伴等要素。

华为数字化转型规划团队根据业务战略对数字化转型的诉求、数字化在华为的发展前景、转型给业务带来的变化等方面进行分析，确定了华为数字化转型的愿景：通过数字化平台和大数据的技术支持，做到更懂用户、实时连接、协同化"作战"、精准指挥、交易自动化和智能预警。

针对数字化时代的用户，华为提出了ROADS体验模型来提升用户体验，提高运营效率。ROADS指的是实时（Real-time）、按需（On-demand）、全在线（All-online）、自助服务（DIY）和社交化（Social）。比如，对于某一类用户，ROADS能够做到及时响应用户的消息，根据用户的需求为其提供个性化和差异化的解决方案，引导用户自主下单。

华为通过构建数字化运营平台，建立了统一的数据底座，支撑各业务在授权下便捷、安全地获取数据。依靠数字化运营平台，华为内部可以实现数据同源、实时可视，能够减少业务汇报和管理层级，还可以自动完成重复的确定性业务，提高业务运营效率。并且，华为还将AI、大数据引入数字化运营平台，不仅能够实现风险识别、智能预测和智能决策，还能拓展新的业务模式。

数字化转型是一场"长跑"。正如华为的管理者所说，华为将数字化转型看作一场马拉松，不会以百米赛跑的速度对待它。

华为1998年就启动了"IT strategy&Planning"项目，正式进行大变革。后来，华为又对财务体系进行数字化转型，且每年都会将一笔收入投入数字化转型，一直坚持至今。华为用超过20年的时间成为全球最大的通信设备制造商，用7年时间成为全球第二大智能手机制造商。

企业要明白数字化转型的根本不在于"数字化",而在于"转型"。许多数字化转型失败的企业往往将失败归因于技术和业务不匹配,实际上,数字化转型不仅需要企业使用更多智能化生产设备,调整业务架构和业务流程,还需要企业在思维上进行转型,拥抱数字化技术和趋势。

第2章 技术支撑：数字化转型的五大关键技术

数字化是信息化发展的全新阶段，是企业业务与数字技术全面融合、提升效能的过程。大数据、AI、云计算、物联网、区块链等新一代技术是支撑企业数字化转型的关键技术。它们能为企业创新提供高效、低成本的技术支撑，满足更多用户的个性化需求。

2.1 大数据：为数字化转型提供洞察力

"大数据"一词最早出现于1980年，于2008年被业内所熟知。大数据指的是日益增长、体量庞大、多样且复杂的海量数据，这些数据无法通过传统方式管理，是企业宝贵的资产。近年来，各大企业开始关注不断增长的数据资产，而这也成为企业进行数字化转型的主要驱动力。

2.1.1 商业价值分析：大数据为何如此重要

在数字经济时代，如果企业能充分挖掘大数据的商业价值，就能更精准地捕捉用户需求，为其提供个性化、差异化的产品或服务，建立竞争优势。大数据的商业价值主要体现在以下几个方面。

1. 个性化推荐与精准营销

大量的用户数据为智能分析算法的训练、优化提供基础资源，为用户提供个性化推荐，例如，淘宝的商品推荐、应用商店的软件推荐、网易云音乐的歌曲推荐等。企业足够了解用户后，就可以通过大数据平台进行商业化延伸，实现从用户分析洞察到效果评估的精准营销闭环管理。这样既可以有效节约营销成本，还可以提升营销的精准性，优化投入产出比。

2. 精准划分用户群体

大量的用户数据可以极大地降低用户数据的分析成本，企业可以根据用户的消费习惯、消费水平等对用户群体进行划分，用不同的服务方式服务不同的群体。同时，企业还可以对不同用户进行更深层次的分析，从而增强用户黏性，降低用户流失率。

3. 加强部门间的联系

即使是为同一个用户提供服务，研发、生产、宣传推广、售后等部门需要的数据也有所不同。提高数据的利用效率及挖掘数据深度可以增强各部门之间的联系，实现数据共享，进而提高整个产业链的运行效率。

4. 模拟真实环境

在存储了海量的用户数据后，企业就可以通过数据模拟真实环境，从而满足用户更深层次的需求。例如，天津地铁App通过实景模拟的方式预测站内客流量，为用户提供车站客流热力地图，用户可以更好地制订出行计划。

作为一种新型生产要素，数据已经成为企业宝贵的经济资产，它能助力企业创新，提升产品价值。只有充分了解大数据的商业价值，企业才能精准把握时代脉搏，更好地实现数字化转型。

2.1.2 大数据是如何被应用的

如今，大数据已经应用于各行各业，主要体现在以下几个方面。

1.了解、定位和服务用户

大数据最常见的应用形式就是帮助企业了解用户的喜好和行为。企业可以通过浏览器日志、社交媒体数据等扩展企业的数据集，以建立完整的用户画像。

2.个性化营销

随着用户个性化需求的增加，大数据逐渐被应用于企业营销中。用户检索、使用产品的过程都会变成数据，有了这些数据，企业就可以自动响应，为用户提供更好的消费体验。

3.引入响应式产品

大数据不仅可以改善企业为用户提供的服务的质量，还可以指导企业生产用户需要的产品。如今的市场是买方市场，满足用户需求是产品设计、生产的前提。企业可以通过数据分析收集用户的购买习惯、浏览频率等信息，预测用户需求，从而决定生产什么产品。

4.提高生产效率

过去，产品生产流程相对割裂，各环节的信息不能及时传达，生产效率低下。如今,大数据将整个生产流程串联起来,中间环节的约束和限制变少了,生产效率得到提高。

5.实现持续的用户支持

如今,用户在网上购物,几乎24小时都能得到回复,这是因为有聊天机器人的辅助,而这一切其实是大数据的功劳。企业可以通过用户管理系统收集用户数据,获取用户的常见需求和问题,将其作为设计聊天机器人的依据,让聊天机器人拥有不输人工客服的交互能力,从而打造出24小时不间断为用户提供服务的线上客服。

6.降低仓储成本

维持库存的成本极其高昂,企业不仅要承担运维成本,现金流还会被存货捆绑,非常不利于企业随时调整经营计划。而大数据可以通过发现行业趋势、预测未来,帮助企业降低仓储成本。知道市场潜力及需求有助于企业及时调整生产计划,控制产量,这样可以确保不会发生产品过剩的情况。

有了大数据分析,企业就能预测什么时候生产、生产多少、什么时候销售,甚至还可以预测需要保留多少库存等,大幅降低了现金流风险。

2.2 AI:赋能数字化转型多场景

如今,我们的生活中充斥着AI产品,如Siri、AI拍照、AI修图等,AI深刻改变了我们的生产生活方式。但当前的AI还是"弱AI",只停留在用计算机模拟人的智能的层面,例如,计算机翻译、语音识别、印刷体文字识别、物体识别等。因此,AI还需要继续发展,向着"强AI"迈进,即真正有自我知觉和意识的AI。

2.2.1 应用场景：AI的商业化进程

曾经出现在科幻电影里的AI，如今已逐渐进入大众的视野。AI的应用场景十分丰富（图2-1），能够在很多环节为企业的数字化转型提供巨大助力，极大地提升了企业运营效率。

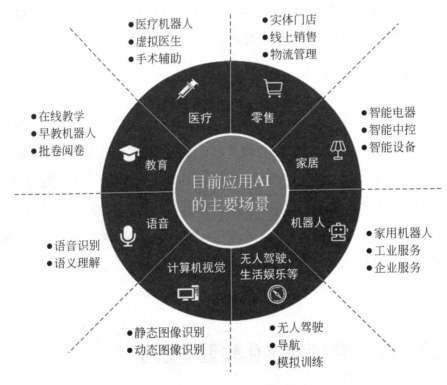

图2-1 AI的主要应用场景

1.提高物流效率

随着电商行业的发展，物流效率亟待提高。即使是最优秀的物流企业，1万辆货车也需要2500位员工管理。而AI可以帮助物流企业完成去人工化，提升自动化程度。亚马逊、阿里巴巴、京东、顺丰等巨头都采用了分拣机器人、AGV（Automated Guided Vehicle，自动导向车）、无人仓、无人机等智能设备进行分拣、入库、配送等工作，极大地提高了物流效率。

2.处理数据

数据现已成为企业的宝贵财富，AI可以帮助企业有效处理数据。AI不是静态的，它可以快速学习和调整，帮助企业挖掘数据中包含的特定信息，企业可以及时调整业务决策。

3.获得用户支持

随着电话、消息、社交媒体的进一步数字化、自动化，自动语音机器人也在不断改进。企业可以通过智能设备联系、维护用户，随时解决用户的问题，有效提升用户体验。

4.改善购物模式

AI可以通过分析用户以往的购买行为，总结用户的购买方式、交易习惯、价格期望等，进而为他们提供定制化的购买体验。这使得购物模式从产品主导转变为用户主导。

5.自动化办公

AI可以处理单调、乏味的日常任务，进一步简化企业的组织架构。这对中小企业来说是一个福音，因为中小企业资金有限，无法承担巨大的人力成本。AI可以替代重复性劳动，企业可以只留下核心业务人员，这样既能减少人力成本，又能提高办公效率。

2.2.2 数字化转型背景下的AI战略

企业要想在市场竞争中脱颖而出，就必须制定与数字化转型战略相匹配的AI战略。那么，企业应该如何制定科学、合理的AI战略呢？具体方法如下所示。

1. 构建创新性思维

企业的数字化转型是在不断探索中实现迭代升级的过程。就像进行科学实验一样，最初的论断会在探索的过程中被推翻，企业需要不断利用最新数据提出新的猜想。因此，企业应该构建创新性思维，不断构想出指导性更强、可行性更高的发展目标，并制定相应的战略。

2. 建立数据团队

AI战略的监督和管理工作需要交由专业的数据团队负责，团队成员需要具有业务、技术或者数据分析等方面的专长，并具有部署与维护管理系统的技术能力。只有这样，企业才能保证制定出的战略切实可行。另外，在战略推进受到阻碍时，专业人员也能更快地分析与解决问题。

3. 建立健康的数据生态

AI战略的执行建立在大量数据的基础上。因此，建立一个健康的、能够获取高质量数据资源的数据生态至关重要。这就要求企业在数据安全的前提下，想方设法提升数据访问的灵活性，例如，引入语音、图像、文字等数据源，增强数据管理能力。

4. 严格制定评判标准

大到对战略目标的要求，小到如何验证开发模型，企业管理者都需要与数据团队达成一致意见。这是因为新建立的AI模型会颠覆传统的质量标准，测试时的数据无法对生产实践产生指导作用，因此企业应该根据最新数据及时更新评判标准。

5.建立QA与交付模型

企业需要将AI战略落实到实践中，并持续对其进行迭代与调整。在这个过程中，企业很难按照传统模式制订迭代计划，也很难精准预测数据的更新间隔。这就要求企业建立相应的QA（Quality Assurance，质量保证）和交付模型，并持续、稳定地对其进行维护，维护时还需要严格遵循初始的开发方式。

以上就是制定AI战略的方法，企业应该充分掌握这些方法，借助AI实现人与机器的协同发展，抢占行业发展先机。

2.3 云计算：为数字化转型提供加速度

云计算是信息时代的大飞跃，具有强大的可扩展性，可以将很多资源整合在一起，使用户通过网络就能获取资源，不受时间和空间的限制。

2.3.1 数字化时代，业务上云成为标配

云计算是指通过网络将大的数据计算程序分解成无数个小程序，然后通过多个服务器组成的系统处理这些小程序，并将得到的结果反馈给用户。这项技术可以在短时间内处理数以万计的数据，为用户提供强大的网络服务，而且不受空间限制。

现在越来越多的企业开始布局云计算，这意味着企业不需要建更多的服务器和机房，只需联网即可满足业务需求。那么，云计算的优势体现在哪些方面呢？

1. 成本效益

不用支付闲置资源费用，极大节约成本的"现收现付"模式是云计算最大的优势。企业可以按照自己的需求拓展或缩减业务，不用支付巨额的服务器维护费用。"现收现付"意味着企业只需要为正在使用的资源和服务付费。

2. 可扩展性

不同的企业有不同的业务需求，有些企业必须将业务迁移到云平台，例如，需求波动大、对灵活性要求高的企业，需要停机时间较短的高负荷系统的企业，需要处理大量敏感数据的企业等。云计算可以让这些企业专注于发展业务，增加销售额。这是因为云计算具有极高的可扩展性，云计算服务商除了为企业提供服务器空间外，还为企业提供数百种支持工具。

3. 安全性

当企业将重要数据迁移到云平台时，云计算服务商的工作是全天候监控和保护用户数据。尽管内部系统管理员更让企业放心，但他们不能做到全天候监控数据安全。因此，云计算服务商能够更有效地保障企业的数据安全。

4. 灾难恢复

灾难恢复是指出现自然或人为灾害后，企业重新启用信息系统的数据、硬件及软件设备，恢复正常商业运作的过程。企业可以通过备份恢复数据，但需要付出一些时间和费用。而云计算可以尽可能缩短系统停机时间并提高效率。

5. 移动性

随着科技的发展，云办公、远程办公等工作方式进入人们的视野。利用云计算，员工可以随时随地访问企业数据。而且访问的系统会自动更新，即使员工不在办公室，也可以访问与其他成员相同的系统。

2.3.2　华为云+良品铺子：打造全渠道零售模式

良品铺子是一个集食品研发、加工、零售等业务于一体的零食品牌。在不断发展壮大的过程中，良品铺子也开始对数字化进行探索。良品铺子选择与华为云合作，共同打造全渠道零售模式。良品铺子将SAP（System Applications and Products，系统应用和产品）开发测试系统迁移到华为云上，搭建了一体化零售平台，提升了系统运行的平稳性。华为云的可扩展性和灵活性使良品铺子可以轻松应对百万级别的订单交付工作。

同时，华为云的微服务引擎等PaaS（Platform as a Service，平台即服务）服务可以实现业务代码克隆，这进一步提升了良品铺子的新品研发效率。在此之前，良品铺子进行新品研发前需要花费3～4天时间部署产品测试系统，如今，借助代码克隆功能，良品铺子可以在1小时内轻松完成系统部署。这意味着良品铺子可以快速响应市场需求，实现精准营销，为用户提供极致的购物体验。

选择华为云是良品铺子对比多家服务商之后的决定。其首席信息官朱淑祥表示："良品选择服务商是非常谨慎的，选择了华为就是看中了华为以客户为中心的服务理念以及对客户需求的快速响应和解决的能力。良品将SAP系统部署在华为云上，通过华为混合云的解决方案，能真正满足良品未来业务快速增长的需求。"

对于大多数企业而言，实现数字化转型并不是一件容易的事。但在华为云的技术支持下，良品铺子成功搭建了一体化零售平台，大幅提升了工作效率。这表明在实现数字化转型的过程中，企业可以与成功的云计算服务商合作，在完成业务数据迁移后，可弹性伸缩的自适应云服务可以帮助企业建设数字化营销渠道，实现营销业务的数字化转型。

2.4 物联网：连接数字化转型各环节

如今，物联网与人们的生活密切相关，如智能门锁、智能窗帘、可穿戴设备等。万物互联是未来社会的一种发展趋势，设备联网是企业数字化转型的重要一步，它能消除企业内部的信息孤岛，增强各环节的协作，提高企业运营效率。

2.4.1 万物互联已经实现了吗

约翰·奈斯比特在《大趋势》一书中记录的大部分预言都已经得到《金融时报》的证实。对此，约翰·奈斯比特表示："人们以为我预言的都是未来，其实我只是把现状写下来，20年来我所写的都是已经发生了的事情，我所要分析的就是哪些事情会长久地影响社会。"万通集团创始人冯仑也曾说过类似的话："看得见未来才有未来。"

物联网技术不断发展，为我们描绘出万物互联的美好图景。在"互联网+"的助力下，海量信息在全球范围内无成本流淌，人与人、人与物、物与物都可以自由地产生连接，万物互联似乎已经成为现实。实际上，这一切才刚刚开始。

在首届世界互联网大会上，软银集团创始人孙正义曾预言，在不久的将来，所有的事物将会通过物联网连接起来。无论是手提电脑、手持的仪器，还是眼镜、衣服、鞋子、墙，甚至一头牛，都有可能被物联网联系起来。到2040年，这样的现象会非常普遍，所有的人和物都会通过移动设备产生连接。所有的数据都会被存储在云终端，具有非常高的处理速度以及非常大的容量。

他所预言的场景非常有吸引力。事实也证明，互联网的确正以较快的速度向万物互联进化。在这种情况下，人与人之间的连接会变得越来越紧密，连接方式也会越来越多。

从人类生活的角度来看，万物互联不仅实现了生活的智能化，还提高了人类的创造能力。这样一来，人类就可以在享受高品质生活的同时做出更好的决策。从企业的角度来看，万物互联可以帮助企业获得更多有价值的信息，大幅降低企业的运营成本，进一步提升用户体验。由此看来，万物互联拥有非常广阔的市场前景。

2.4.2 物联网平台有什么作用

物联网，即"物物相连的互联网"，利用射频识别、无线数据通信等技术，实现实物与互联网的连接。在物联网构想中，射频识别是能够让所有物品"交流""沟通"的一种技术，其标签中存储着规范且具有实用性的信息，无线数据通信网络可以将这些信息自动采集到中央信息系统进行识别，实现信息交换和共享，进而实现万物互联。

早在2003年，知名零售商沃尔玛就推出了非常有影响力的强制令，要求其供应商必须在运往门店的产品上贴上无源的RFID（Radio Frequency

Identification，射频识别）标签。没过多久，其他零售商也纷纷推出了自己的RFID强制令。有了RFID标签，工作人员不需要再对着产品扫描，装满产品的大卡车经过RFID读码器，产品就可以在几十米外被自动捕捉到。对于整个零售行业来说，这是一次非常令人兴奋，也非常重要的革新。

虽然因为成本、技术等多个方面的限制，沃尔玛的强制令没有覆盖到每一款产品，但在服装、奢侈品、可回收产品上，该强制令都形成了非常完整的闭环。另外，在提升供应链效率、防伪与防盗追踪等方面，该强制令也发挥了很大作用。

目前，物联网与先进的制造技术相结合，广泛应用于我国的工业生产。例如，物联网技术可以接入车载智能系统中，帮助汽车进行路况识别，实现自动驾驶；物联网技术可以接入可穿戴设备，应用于医疗行业，将使用者的身体状况实时上传至中心系统；物联网技术还可以接入温室大棚，实时监测作物的生长情况，并根据作物生长需求自动给作物浇水、施肥。

当物联网技术将人、实物、数据、流程整合后，就有机会改变各行各业的运行方式。例如，水务公司的运营体现在各个环节中，如管理坐落在城市、乡镇中的供水站，管理上千名工作人员等。物联网出现后，水务公司的运营开始趋于数字化、智能化，这大幅提高了其运营效率，使用水供给与用水需求保持平衡。

当用水供给大于用水需求时，系统会自动将闲置的水储存在储水装置中；当用水需求大于用水供给时，系统会用储存在储水装置中的水填补用水供给的不足。通过这种方式，水务公司可以直观地了解水的流向和储水装置的情况，从而简化运营流程。

此外，各大水务公司之间的资产转移也可以由智能设备控制，这不仅可以保证资产的安全，还可以提升买方的支付效率，缩短卖方收到资金的时间。从宏观层面来看，物联网与水务领域融合可以促进资源和资产的双向流动。从微观层面来看，物联网可以实现智能设备与储水装置的"即接即用"，而且只要满足相应的操作条件，这种"即接即用"就可以具备数字化和智能化的特征，进而使水务公司实现数字化运营。

全球化、信息无阻流动的经济发展环境已经形成，物联网将以一种全新的方式创造人类经济活动的峰值。万物互联后，资源配置便能够最优化，帮助企业进行快速决策，这也是物联网平台最重要的作用。

2.5 区块链：保障数字化转型的信息安全

自古以来都是无信任不交易，有了信任，企业才能有用户，才能有利润。然而，获取他人的信任是一件难事，需要付出极大的成本。而区块链的出现完美地解决了这个问题，它不可篡改的特点可以帮助企业与用户快速建立安全、可靠的连接，实现彼此信任。

2.5.1 区块链本质：一个分布式账本

区块链的本质是分布式账本，主要优势在于成本低、过程高效透明、无中介参与、数据高度安全。未来，区块链将会渗透到越来越多的行业中，为其带来颠覆和变革。

在分布式账本模式下，一个账本必须有唯一确定的内容，一个用户只能拥有一个真实的账本，如图2-2所示。账本里的任何变化都会被区块链反映出来，反映时间通常仅有几分钟甚至几秒，否则账本就会失去参考意义。

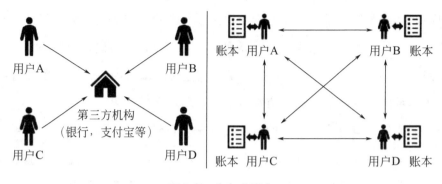

图2-2 分布式账本

在如今的信息时代,中心化的记账方式覆盖了社会生活的方方面面。然而,中心化的记账方式有一些弊端,例如,一旦这个中心被篡改或损坏,整个系统就会面临危机。如果账本系统承载的是整个货币体系,还会面临中心控制者滥发导致通货膨胀的风险。

中心化的记账方式对中心控制者的能力、参与者对中心控制者的信任以及相应的监管法律和手段都有极高的要求。那么,有没有可能建立一个不依赖中心及第三方却可靠的记账系统呢?

从设计记账系统的角度来说,系统的构建需要让所有参与方平等地拥有记账及保存账本的能力,但每个参与方接收到的信息不同,他们记录的财务数据也会有所不同。数据一致是记账系统最根本的要求,如果每个人记录的账单都不一致,记账系统也就失去了价值。

区块链系统则攻破了这个难题。如果将接入记账系统的每一台计算机看作一个节点,那么区块链就是以每个节点的算力竞争记账权的机制。

例如,在数字货币系统中,算力竞赛每10分钟进行一次,竞赛的胜利者能获得一次记账的权力,即向区块链这个总账本写入一个新区块的权力。这意味着只有竞争的胜利者才能记账,在记录完成后,区块链就会与其他节点进行信息同步,产生新的区块。值得注意的是,算力竞争如同购买彩票,算力高的节点相当于一次购买多张彩票,只能相应地提升中奖概率，却并不一定会中奖。

这里的奖品指的是数字货币，发放奖励的过程就是数字货币发行的过程。每一轮竞争胜利并完成记账的节点，都会得到系统给予的一定数量的数字货币奖励。节点为了获得系统发行的数字货币，就会不停地计算。这种设计将货币的发行与竞争记账机制结合起来，在引入竞争的同时，也解决了去中心化货币系统发行货币的难题。

去中心化记账系统可以承载各种价值形式，除了数字货币外，还包括可以用数字定义的资产，如股权、产权、债权、版权、公证、股票等。这意味着区块链可以定义更复杂的交易逻辑，区块链技术也因此被广泛应用于各个领域。

2.5.2 区块链是打造信任的利器

区块链上的所有信息都是唯一且真实的，而且这些信息无法篡改，这能很好地解决交易中的信任问题。因为交易中每个节点的信息都被记录并保存下来，所以交易的每一步都是可以追溯的。这表明如果交易出现了问题，通过追溯各交易节点的信息，就可以找到交易是在哪个节点出现了问题。这对交易双方信任关系的建立是十分有利的。

如今，越来越多的企业将自身业务与区块链结合在一起，希望在数字化时代实现新的突破与发展。例如，京东成立了"京东品质溯源防伪联盟"，用区块链搭建京东防伪溯源平台，以实现线上线下商品的追溯与防伪，加强品牌与消费者之间的信任。

例如，消费者在京东商城购买了肉制品，就可以通过包装上的溯源码查询肉制品来自哪个养殖场、喂养饲料、产地检疫证号、加工企业等信息。此外，消费者还可以查看商品的配送信息。

在区块链防伪溯源平台上，京东向品牌和零售企业开放4种支持技术：

数据采集技术、数据整合技术、数据可信技术、数据展示技术。有了区块链防伪溯源平台，非法交易和欺诈造假等行为都将无处遁形。例如，京东与科尔沁牛业合作，消费者在京东商城购买科尔沁牛业产品，就能够从养殖源头环节全程追溯产品信息。

未来，区块链防伪追溯平台将以京东商城为中心持续扩展，实现供应商、监管机构、第三方认证机构在联盟链节点方面的整体部署。而且京东也会将区块链防伪溯源平台的使用经验逐渐导入线下零售领域，引领"科技零售""可信赖购物"的新风尚。

2.5.3　区块链与供应链的"化学反应"

传统的供应链包含多个环节，每个环节都会产生大量的数据，产品的生产商、经销商、零售商，都只能掌握其中的一部分数据。这意味着当产品出现问题时，企业很难确定问题出现在哪一个环节。不仅如此，由于产品上没有溯源二维码，因此要想实现所有问题产品的召回，需要消耗大量的时间和人工成本。

当企业将区块链技术应用于供应链管理后，上述问题就迎刃而解了。区块链技术可以实现对相关数据的采集、挖掘、分析、存储，从而加强对供应链的监测力度，实现对各个环节的追踪。以此为基础，企业就可以利用最短的时间、最低的成本实现问题产品的召回。

盒马鲜生是阿里巴巴旗下的一个新零售代表，其"日日鲜"系列的蔬菜、水果、肉类、鸡蛋等各类食品均实现了全程动态化追踪。扫描食品包装上的二维码，消费者不仅可以获得食品生产基地的照片，还可以获得食品的生产流程、生产商的信用资质、食品检验报告等信息。

盒马鲜生相关负责人表示："我们采用了二维码追溯、无线采集工具、共享工作流、区块链等先进技术保障食品的安全，让消费者能够买到更加安全放心的食品。"从目前的情况来看,盒马鲜生成功实现了食品供应链监测与区块链技术的整合,构建了一个可持续运营的食品安全管控体系,实现了供应环节的全程监控。

区块链技术为企业提供了实时、精准的产品视图,使供应链生态网络的构建成为可能,有效提升了行业透明度,降低了行业风险,极大地提升了各个相关企业的利润。

第3章 能力建设：实现数字化转型的必要准备

技术正在以惊人的速度改变市场形势，数字经济的爆发促使企业加快了数字化转型的步伐。那么，在这一大趋势的影响下，企业应该如何建设数字化能力，才能跟上时代潮流呢？本章就对此问题进行分析和解答。

3.1 数字化能力是企业必备的能力

有些企业付出了很多努力，但依然没有做好数字化转型工作，原因就在于数字化能力不足。数字化能力建设为提升数字化转型的成功率提供了重要的支持和帮助，有利于企业顺利实现升级和进阶。

3.1.1 数字化能力是企业的关键竞争力

"要么数字化，要么被淘汰。"这句话是Sourceability执行总经理王震旻在一次领袖峰会上发表的观点。实际上，很多企业都没有认识到拒绝进行数字化转型的危害，它们进行数字化转型只是迫于时代的压力。那么，数字化转型有何意义，企业为什么要进行数字化转型呢？

首先，未来的世界将是数字化世界。这是麻省理工教授尼葛洛庞帝在《数字化生存》中提出的观点。他认为，未来人类将生活在一个虚拟的、数字化的空间中，并会在这个空间中利用技术进行沟通、学习、工作等社会活动。可以说，进行数字化转型就是顺应时代发展。

其次，技术使企业的运营模式发生变革。随着技术的发展，用户接触产品的渠道与路径越来越多，并逐渐向线上迁移，这推动了企业的营销、采购等环节的数字化进程，改变了企业原有的运营模式。这种改变在提高企业生产力的同时，也会对社会生产关系产生影响。

最后，数字化时代将会出现更多的发展机遇，企业更新迭代的速度加快。如今，单片机内的晶体管数量已经超过人脑突触数量，企业可以利用智能机器人节省人力成本。这将会加剧企业间的竞争，没有坚实的技术作为战略支撑的企业，很容易在激烈的市场竞争中落败。

随着科技的发展，数字化逐渐成为各行各业发展的新方向。那么，数字化转型对企业有什么价值呢？如图3-1所示。

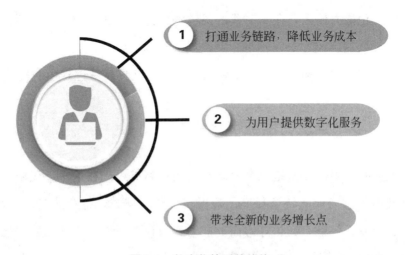

图3-1 数字化转型的价值

1. 打通业务链路，降低业务成本

实现数字化转型后，企业可以将产品的加工、营销、出售等一系列环节通过互联网技术进行连接，充分发挥互联网及时、高效、低成本的特性，提升业务效率，节省大量的资源、成本。

2. 为用户提供数字化服务

大数据、AI、云计算等技术极大地提升了数据的时效性，使得传统的销售模式发生了翻天覆地的变化，如图3-2所示。如今，企业可以利用技术创新引流获客、促活（促进用户活跃）裂变、销售转化、用户运营等环节，使自己与用户成为利益共同体，为用户提供更舒适、更便捷的数字化服务，最大限度地降低销售成本，形成庞大的经济效益。

3. 带来全新的业务增长点

在实现数字化转型后，企业原有的业务模式会被改变，用户覆盖率及单个用户的渗透率都会相应提升，这会为企业带来全新的业务增长点，全面优化企业现有的商业模式，拓宽企业的盈利渠道。

数字化能力是企业在新时代的关键竞争力，但实现数字化转型只是企业发展壮大的手段之一，不是企业发展的根本目的。企业应该综合考虑自身实际经营情况及现有业务模式特点，更好地迎接转型过程中的挑战。

3.1.2 多个维度衡量数字化能力

企业的数字化转型是一个逐渐深入的动态过程。在这个过程中，企业需要及时评估当前的转型程度，确保转型顺利推进。将企业在数据获取、表达、存储、传输、交付等方面的能力作为评判标准，企业的数字化能力可以划分为5个等级，如表3-1所示。

第3章 能力建设：实现数字化转型的必要准备

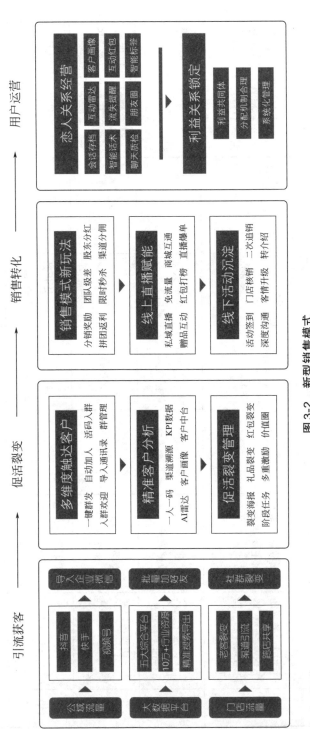

图3-2 新型销售模式

表3-1 数字化能力衡量模型

等级	数字化战略定位	数字化核心要素					组织架构
		获取	表达	存储	传输	交付	
1级	无数字化战略驱动或业务驱动意识，主要解决组织内部协同问题	无数据获取意识，主要解决人工问题，机器代人	数据维度单一	关系型数据为主	ETL（数据仓库技术）实现批量数据同步	主流程自动化，定制报表	无独立数据部门，多在运维部设置DBA（数据库管理员）相关岗位
2级	数字化决策支持，通过数据管理人员决策	关注业务环节的数据收集	数据维度逐渐丰富	面向主题的数据仓库	实时数据接口	数字化决策，数据在线报表	设置数据分析师岗位，可能存在独立的数据部门
3级	一切业务数据化，一切数据业务化	跨界数据应用，数据资产化	全领域数据融合，数据维度加更丰富	大数据平台	批流融合	基于数据的量化运营	设置独立的数据部门、设置数据分析师、算法工程师等相关岗位
4级	数字化平台	实现数据与业务相互促进，数据快速增加	数据维度更加完善	基于云的数据平台	一体化数据服务体系	数据平台化、智能化、自动化	管理人员设置管理相关岗位，成立独立的数据资产运营部门
5级	数字化开放生态	通过生态场景洞察和验证用户服务需求	千人千面，基于数据自主服务	基于云和边缘计算的数据平台	低延时，云边协同	数据自驱动	设置首席增长官相关岗位，统一管理市场、数据、战略

随着数字化转型的深入,互联网技术将渗透到企业管理的各个方面,形成数据驱动式业务体系,全面提升企业的业务运营效率。

著名管理学家彼得·德鲁克曾说过:"你如果无法衡量它,就无法管理它。"在了解了自身的数字化能力后,企业就能明确数字化转型中的重点、难点,从而制定合理的数字化转型方案,进一步推动数字化转型进程。

3.1.3 提升数字化能力的4个重点

学会主动转型是优秀企业的必备技能,每一次科技的升级都会给企业带来跨越式发展机遇。如果企业不能抓住数字化转型的机遇,则很可能被其他企业赶超。

因此,企业要尽快开始数字化转型,先从沉淀数据做起,创新业务模式,满足用户需求,顺应时代发展。

1. 先从沉淀数据做起

数字化时代,一家能够将各类数据整合的企业,将拥有更大的经营优势。如何对产品数据、用户数据进行整合、挖掘、分析、预测,已经成为企业进行数字化战略布局的重要课题。

数字化转型的本质是重新定义业务流程的各个环节,企业的数字化程度决定了转型的起点以及核心路径,数字化程度越高的企业,实现数字化转型的核心路径也就越短。例如,传统企业需要在引进专业化工具集,将数据集成对接打通后,将数据中台、业务中台等资源平台整合,最终构建协作生态,如图3-3所示。

随着技术的发展,用户行为数据越来越详尽。企业可以将各个渠道内蕴含用户消费习惯、使用偏好、个性化需求等高价值信息的数据收集起来。如果企业能够将自有数据沉淀,并根据用户的行为偏好建立更精准、

图3-3 传统企业的数字化转型路径

更立体的用户行为模型,就能尽快实现数字化转型。

在建立用户行为模型后,企业就可以更准确地了解用户需求,从而将产品信息和优惠活动精准投放给有需求的用户,为用户提供个性化服务,最大限度地实现用户转化率和用户活跃度的提升,增加企业的盈利点。

数据是实现数字化转型的关键,企业的数字化转型要从沉淀数据做起。如果企业能尽快完成数据的整合、治理等工作,就可以有效增强数字化能力,优化现有的业务模式以及运营策略,加快转型进程。

2.明确数字化转型的时间

不论企业规模大小,增强自身数字化能力是实现转型的关键。如今,数字经济已经悄无声息地融入我们的生活,但各行各业受到的冲击不同,数字化的渗透程度也有所不同。这就导致部分企业尚未开始转型,部分企业已经成功实现数字化转型,并进入稳步发展阶段。

无论是作为数字化发源地的互联网行业,还是积极进行数字化探索的零售行业,都曾经出现过数字化的大规模爆发。但爆发的时间有先有后,与行业的发展阶段并不完全对标。

例如,媒体、金融等行业发展较为成熟,且受数字经济的影响较深,这些行业中的企业最早开始数字化转型;娱乐、零售等行业受数字经济的影响较小,这些行业中的企业是第二批进行数字化转型的;医疗、教育等行业还处于发展阶段,受数字经济的影响不深,这些行业中的企业数字化转型的速度比较慢;建筑、农业等传统行业几乎没有被数字经济影响,进行数字化转型的企业寥寥无几。

那么,不同行业是否存在最佳的转型时间?企业是否应该在同行业的大多数企业都在转型时再开始呢?这两个问题的答案都是否定的。实际上,数字化转型就像一场田径比赛,先到终点的人就是胜利者,转型成功的企业就有更多的机会建立颠覆行业的竞争优势。正因如此,尚未开始数字化转型的企业必须把握机会，综合考量自身的数字化能力，制定转型方案，加速内部数据沉淀，尽快采取行动，着手转型。

3.品牌形象数字化加速传播

在产品同质化越发严重的市场环境下，企业要想长远发展，就应该借助技术的"东风"。在破解同质化难题方面，大多数企业都是从包装、产品"颜值"、价格、功能等方面改进优化。于是就出现了众多企业产品形态类似、用户群类似、发展目标类似的现象，很难出现颠覆整个行业的品牌。

对此，企业需要借助数字化转型，加速品牌形象渗透，让品牌形象更深入人心。如果企业能够实现品牌形象数字化，就能在互联网世界中发现、创造需求，实现全网营销。美国品牌管理大师罗诺兹和刚特曼曾提出："品牌形象是在竞争中的一种产品或服务差异化的含义的联想的集合。"也就是说，品牌形象是一种能被消费者感知的品牌差异化要素的集合。

传统的品牌形象传播主要以纸质媒介为主，包括报纸、平面广告、宣传海报等。虽然电视的普及让广告"动"了起来，但品牌形象依然通过平面的企业标志和名称来展现。随着计算机的普及和应用，网络成为新的传播媒介，品牌形象数字化也因此被提上了日程。品牌形象数字化设计包含三大价值维度，即媒介属性、传播环境和受众心理。

（1）媒介属性。在数字化时代，传统媒体和数字媒体并存，这要求企业在传播品牌形象时必须对色彩和展现方式有更高的要求，不仅要注重创新，还要保持一致。

企业应考虑不同传播媒介的特点，利用其特点，合理推广品牌形象。例如，很多品牌都在B站（bilibili弹幕网）注册了账号，按照B站二次元、动漫、个性化的特点打造一个既符合企业形象又符合B站形象的IP。

（2）传播环境。媒介数字化造就了数字化的传播环境，在这样的传播环境下,品牌形象要体现出多维性、交互性、表现性。品牌形象不能只是简单的平面符号,而应该是立体的、有声的、有情感的。例如,英特尔公司的广告将声音作为品牌形象,在不断重复后,消费者一听到这个声音马上就能联想到英特尔。

另外,不少品牌使用虚拟数字人作为代言人,消费者可以在使用产品的过程中与其进行简单的交互,从而进一步感知品牌形象。例如,"汤姆猫"互动游戏就是交互体验的代表。虚拟代言人和交互技术结合,让品牌形象的宣传贯穿于产品的售前和售后全流程。

(3)受众心理。在数字化的传播环境中,受众对品牌的刺激会有更敏感的反应。当今时代,受众更渴望表达个性,更偏好独立做出判断,更希望与品牌直接沟通。因此,品牌形象要能给受众带来积极的心理体验,同时,还要鼓励其参与品牌形象传播。

例如,微博是品牌形象塑造的重要阵地。品牌在微博中与粉丝互动、回复评论等行为,都可以拉近与粉丝的距离,让粉丝感知品牌对其的关心和重视。另外,在互动过程中,企业要注意沟通的语气,遵循品牌定位,打造积极的品牌形象。

数字化转型给品牌形象建设带来了机遇,也带来了挑战。企业要更加关注数字化时代最新的动态,这样才能打造出成功的品牌。

4.创新消费体验,双向共赢

当前,消费已经成为国民经济增长的主要驱动力之一,但居民消费仍受制约。如何促进消费市场发展,优化消费者体验,是广受社会各界关注的问题。在传统的商业模式中,企业与消费者多为交易关系。而随着数字化、智能化技术的发展,新商业模式不断涌现,企业与消费者不再只是单纯的交易关系,而是链接与服务的关系。

在数字化时代,企业平台化发展,平台经营者通过技术创新和商业模式创新，借助数字化、全渠道等方式与消费者直接接触，与消费者形成全面链接、双向共赢的关系。例如，一站式数字零售平台多点通过数字化技术重构零售通路，帮助本地零售企业全面实现数字化，更直接地连接消费者，第一时间获取消费者的反馈，从而提升服务水平，使消费者获得更好的体验。

新技术的发展，不仅能提升消费者的消费体验，还能保障消费者的消费安全。例如，在生鲜领域，数字化技术让产品实现了全程可追溯，从产地到卖场，甚至到消费者家中，皆可实现信息跟踪。产品质量安全有保证，消费者就可以买得更放心。

在超市卖场中，标价与实际价格不符是消费者经常投诉的问题。电子价签系统能很好地解决这个问题，避免标价誊写错误或更换不及时引起误会。数字化的标价方式可以准确地表示产品价格，让消费者安心消费。

促进消费不能落下任何群体。当前，我国老年人口越来越多。消费模式在实现数字化、智能化的同时，不能将老年消费群体遗忘，"适老化"是各大企业数字化转型亟待解决的问题。例如，一些线上购物平台针对老年人不会打字的问题，推出了语音检索功能，降低了老年人使用产品的门槛。除此之外，一些平台还聘用老年人作为"购物体验官"，收集他们的使用反馈，根据老年人的需求迭代产品，让老年人有更好的消费体验。

3.2 数字化能力的打造

如今，资本市场的众多潜在风险逐渐暴露，企业的风险应对能力面临着前所未有的考验。在这种情况下，企业应该努力提升自身的数字化能力，坚持稳健经营的发展理念，进一步优化风险管控策略，更好地平衡长期利益与短期利益，实现长期、稳健地发展。

3.2.1　架构分析：数字化能力有3个层次

从大型企业信息化发展的现状出发，在充分考虑企业组织架构、运营模式和业务发展等因素后，我们可以将企业的数字化能力简单分为赋能、优化、转型3个层次。下面以某石化企业为例，对这3个层次进行详解。

数字化能力的第一个层次是赋能，也就是对传统的业务流程进行数字化赋能。该石化企业通过搭建ERP（Enterprise Resource Planning，企业资源计划）、智能管道、资金集中等数字化系统，实现了对企业管理模式的优化，企业的管控能力和运行效率也得到了提升。以智能管道系统为例，它帮助该石化企业精准掌控3万余公里的管道，全方位提升了巡逻效率、防盗能力、面对突发事件的指挥能力。

在达到赋能层次后，企业的业务流程、设备装置等都会逐渐数字化，这也对企业数据的计算能力提出了更高的要求。达到数字化赋能层次的企业，业务流程更标准，组织架构更透明，员工的工作能力也会得到显著提升。

数字化能力的第二个层次是优化。企业达到优化层次后，就可以借助大数据技术对业务流程进行优化，这可以有效提升企业的核心竞争力。该石化企业利用技术建立了炼化项目的优化系统，这个系统可以针对供应商的特点为企业提供最优的原油采购方案，从而实现效益的最大化。此外，该石化企业还在炼化装置中增加了过程控制系统，这个系统可以精准地控制生产，实现投入产出比最大化。

达到优化层次的企业最大的特征是实现了数据资产化，这些企业可以将多年积累的数据沉淀为宝贵的数字资产，充分挖掘和利用数据的价值，促进业务流程变革，最终使企业的组织架构更扁平。

数字化能力的第三个层次是转型，主要体现在企业商业模式与运营模式的变革上。例如，在推出线上自助采购平台后，该石化企业的销售模式从传统的渠道销售转变为新型的平台销售。此外，该石化企业还可以利用摄像头自动监控人员滞留情况，使巡检模式从定时巡检转变为发现问题再巡检。

赋能和优化的本质是对现有业务的优化和改造，转型则是跨越现有的业务与领域，创造全新的商业模式。数字化转型的3个层次是递进的，也是相互交叠的，企业不仅可以分步骤进行，还可以同步推进。当企业的数字化能力达到转型层次后，就可以向其他合作伙伴输出经验与技术，以换取其他资源和业务合作机会。

3.2.2 打造新时代的数字化人才库

如今是信息化、数字化、科技化的时代。那些原本依赖劳动力才能完成的工作，现在都可以由相应的机器设备完成。这意味着企业对普通劳动力的需求越来越小，对高素质人才的需求越来越大，现代企业之间的竞争也逐步转变为人才软实力的竞争。

因此，企业应该着手打造数字化人才库，积极推进企业的数字化布局。企业可以从以下两个方面着手打造数字化人才库。

1.建立人才信息库

在建立人才信息库前，企业需要将内外部的简历资源进行全面整合，并利用大数据、AI等技术对简历进行分拣与解析，分别绘制岗位与所需人才的画像。通过这种方式实现人才与岗位的最佳适配，从而快速选定最符合企业发展战略与业务发展需要的岗位候选人。当然，不同类型的企业所建立的人才信息库有所不同，企业应该根据自身的实际情况建立相应的人才信息库。

建立人才信息库后,企业就可以对现有人才及储备人才进行管理,不断沉淀企业外部的优质人才,为企业的数字化转型提供有力的人才支持。

2.充分挖掘数据价值

数字化时代,企业应提高数据分析能力,深入挖掘人力资源数据的价值,利用数据了解自身在人才方面的需求,增强人力决策资源的科学性。

建立数字化人才库后,企业就可以在此基础上建立人才管理系统,自动生成可视化图表,如团队绩效、招聘效能、招聘结果分析报告等,如图3-4所示。

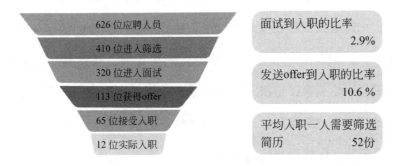

图3-4 招聘结果分析报告

这些可视化图表可以帮助管理人员更直观地了解招聘指标间的关联与发展趋势,提升储备人才的质量,进一步推动企业人力资源管理数字化进程。

在移动互联网时代,数据的地位越来越突出,对于任何行业而言,打造数字化人才库都是一个极为重要的工作。因此,企业需要积累更多有效数据,打造数字化人才库,全方位推动数字化进程。

第4章 战略布局：数字化转型的关键之举

数字化转型的趋势不可逆转，企业需要重新规划战略布局。前几年，企业数字化转型只停留在技术、应用、营销层面，如今的数字化转型更加全面和深入。数字化不仅影响企业的营销和管理，还影响企业的外部环境、组织与环境关系、组织与战略关系、组织与个人关系、个人与个人关系。因此，要完成数字化转型，企业必须进行更加全面和系统的规划，透过表象看到数字化转型背后的逻辑。

4.1 数字化转型战略思维

中国网库CEO王海波曾经说过："企业升级转型更需要的是互联网公司的思维与速度，而这远比互联网本身更为重要。"数字化转型也是如此。企业要想实现数字化转型，首先要理解其内涵，培养数字化转型战略思维，制定数字化转型的关键路径。

4.1.1 你准备好开始数字化转型了吗

世界经济数字化转型是大势所趋,它将深刻影响人类社会的发展,推动供需、生态环境、"主旋律"发生变化,如图4-1所示。在这种情况下,企业进行数字化转型刻不容缓。

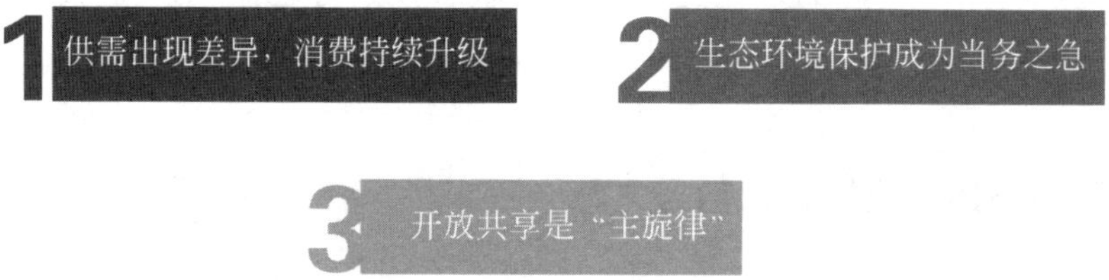

1 供需出现差异,消费持续升级　　**2** 生态环境保护成为当务之急

3 开放共享是"主旋律"

图4-1 数字化带来的变化

1.供需出现差异,消费持续升级

相关机构对中国广大消费者的消费趋势进行了分析,分析结果显示,随着中国居民可支配收入的增加和数字经济的飞速发展,中国正迎来一个消费升级的时代,其中轻奢消费呈较为明显的上升趋势,轻奢产品逐渐被越来越多的消费者认可和接受,具体表现在消费理念和消费行为两个方面。

在消费理念方面,消费者对产品品质和环保属性等方面有了新的需求,健康、绿色、高品质的产品广受消费者欢迎,而低价产品竞争力下降。另外,消费者开始对有较强精神属性的产品或服务产生需求,关注身心健康,注重家庭幸福和娱乐享受。对此,会员定制以及小众娱乐产品层出不穷,受到广泛欢迎。

在消费行为方面,消费者对与提升生活质量相关的产品有了更高的要求。其中,汽车、家装、保健品等中高端产品的需求涨幅最为明显,且一直保持上升态势。另外,从人群分布来看,30～45岁的新中产群体尤其喜欢轻奢消费,他们对个人健康、休闲娱乐、科技生活、个人提升等方面很重视,愿意为"品质""娱乐""健康""自我提升"等需求支付更高的价格。

消费者需求的改变倒逼产品向定制化、高质量的方向发展,推动整体消费结构升级,催生了许多新的机会。企业数字化转型的关键在于持续创造价值,与用户、产品建立更深层次的联系。只有这样,企业才能将产品卖出更高的价格。

2.生态环境保护成为当务之急

环保产业作为我国的新兴产业,目前还存在很多问题,包括环境治理技术存在壁垒、环境治理数字化能力弱、资源利用率较低等。一些企业为了短期利益违反法律规定,偷排漏排污染物。

由于环保产业基础设施大多相互隔离,数据不互通,加上企业对环境治理的投入不足,导致环境治理水平低下。因此,各环保企业之间的壁垒亟待打破,以升级基础设施,提升环境治理数字化能力。

企业应深度融合工业互联网与生态环境保护,弥补生态环境治理在技术方面的不足。例如,企业可通过PM2.5云监测的大规模应用,研究雾霾成因。物联网可以采集大气的监测数据,通过对大气污染源进行云计算智能数据分析,增强大气污染治理的科学性。

大数据、5G、AI等新技术在污染防治、生态环境监测等领域的应用,有助于企业构建区域生态环境信息共享数据库,建设环保产业互联网平台、生态环境大数据中心、环境监测与研发中心等新基建,加快构建生态环境协同管理体系。

企业可以灵活运用工业互联网的特性,提高资源使用效率。工业互联网的智能性可以帮助企业实时预测环境资源消耗情况,保障环境资源管理最优化；工业互联网的虚拟性可以帮助环保产业及产品去物质化，实现低消耗、高产出；工业互联网的共享性可以变革环保产业及产品的供需方式，在消耗同样资源的前提下，使商品和服务的使用率最大化。

3. 开放共享是"主旋律"

传统的竞争是此消彼长的，有人多占用市场资源，就有人少占用，而数字化时代的商业文明的典型特征是开放共享。通过一个平台，产业链上游、企业内部、产业链下游的信息能够同步，产业链上的各个主体实现协同共生，如图4-2所示。

在开放共享这个"主旋律"下，企业的发展空间更大。工业时代的竞争是企业之间优势的比较，即谁能更好地满足用户的需求，而数字化时代的竞争，比的是谁能满足用户的需求，为用户创造更多价值。

简单地说，过去经营企业关注3个方面：第一，想做什么（初心和梦想）；第二，能做什么（资源和能力）；第三，可做什么（产业条件）。在数字化时代，经营企业关注的重点发生了变化：第一，想做什么（自我新定义）；第二，能做什么（与谁合作，获得什么资源）；第三，可做什么（资源如何跨界）。

企业进行数字化布局，要先转变思维，即从竞争思维向合作思维转变，尽可能获取更多资源，把"蛋糕"做大，获得更多的利益。

4.1.2 数字化转型要服从现有战略

企业在制定数字化战略前，要梳理未来3～5年的战略规划，同时确定战略执行的具体步骤。以某银行制定的数字化战略为例，其战略愿景及具体实施路径如表4-1所示。

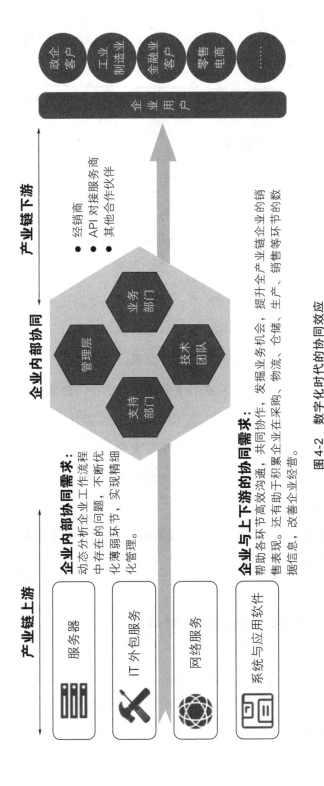

图 4-2 数字化时代的协同效应

表 4-1 某银行的数字化战略

战略愿景	深度用户经营	丰富产品服务	推动产能提升	加速渠道转型
发展目标	• 有效用户数：新客转化率提升20%，老客流失率降低20%	• AUM（资管管理规模）：存款付息率、贷款收益率均提升30% • 信用卡发卡量增加10万张	• 零售网均存款规模：零售网均收入提升200% • 营销带动收入：销售团队人均产能提升20%	• 线上用户覆盖率：新用户覆盖率、全量用户覆盖率、用户端活跃用户比例均提升，移动收单带动零售存款、客服中心营收提升10%
战略路径	• 新客获取 • 批量获客 • 推荐计划 • 新客转化 • 新客营销活动体系 • 新客专属产品包 • 存量用户提升 • 用户分层经营 • 战略客群经营 • 流失用户挽回 • 流失用户定向优惠 • 大数据流失预警	• 丰富负债产品 • 丰富创新存产品 • 定期存款差异化定价 • 依托财富管理提升资金沉淀率 • 跨越式发展零售资产业务，提升资产业务收益率 • 丰富小微产品体系，深化用户经营 • 个人业务发展综合消费类信贷 • 扩大业务规模 • 加强财富管理 • 加速扩张信用卡 • 差异化费率定价	• 精细化、专业化销售管理体系 • 自动化过程管理 • 精细化团队管理 • 搭建营销体系，创新营销方式 • 打造营销管理体系 • 大数据驱动营销	• 线下渠道优化 • 推进网点轻型化转型 • 渠道画像 • 渠道赋能 • 线上渠道创新 • 迭代升级线上渠道，全面提升用户体验 • 用户服务中心职能转型 • 线上线下一体化经营 • 线下精准定位高潜力用户 • 线上网点引流至虚拟店

第一步，明确战略愿景。

企业在制定数字化战略的过程中，蓬勃发展的技术会促使企业现有的商业模式发生变化。因此，企业需要明确自身战略愿景，如提升运营效率、增强用户黏性、创新产品品类等，并根据战略愿景细化发展目标和执行路径。

数据仓库、企业上云、万物互联、产业互联网等都是数字化转型的代名词，它们没有改变整个行业的内容、性质，只改变了企业的经营方式。传统企业主要依靠人工经营，新型经营方式可以轻松地实现数倍的效果，最终形成全新的商业模式。

第二步，拆分战略目标。

完成对战略愿景的梳理后，企业就需要将其拆分为各个环节的目标。例如，某零售企业在制定下一个阶段的销售目标时，需要先对本阶段的销售情况进行复盘，再根据市场的发展趋势、供应商的变动等制定总体销售目标。之后，还要从季度、月份、部门等维度将目标细分，确立每个阶段的销售目标。

第三步，细化战略路径。

在将整体战略愿景拆分成数个阶段性目标后，企业需要对目标的实施路径、执行团队等有清晰的认知，确保战略目标能够有序地推进。同时，企业还需要综合考量执行团队的结构以及员工的个人能力，有目的地匹配资源，使实施路径具象化。

在战略推进的过程中，技术可以帮助企业更好地优化现有的业务模式。如果企业不能合理运用技术，就无法借助转型建立优势。企业需要充分利用数据仓库、企业上云、万物互联、产业互联网等带动业务进一步发展，满足用户的深度需求，打造更优质的商业运营方案。

4.1.3 警惕数字化转型的误区

近几年,越来越多的企业开始尝试数字化转型,希望通过数字化转型重塑业务流程,提高经营效率,获取更多收益。在进行数字化转型之前,企业必须先正确理解数字化转型的内涵,以免走进以下误区,错过了发展时机。

1.数字化转型只是降本增效

提到数字化,很多人认为它就等于降本增效。这是一种片面的认知。数字化转型的目标是重新定义业务,是企业从商业模式到业务流程的颠覆性改变,而不是单纯地通过信息化把业务从线下转移到线上。

如今,消费领域正在发生巨变,人们追求更高质量的产品和服务,而且这种高层次的需求仍在不断扩大。互联网的发展使消费者接触到产品和服务的渠道增多,设计好、性能好、定制化的产品和服务受到人们追捧。

在这种背景下,劣质、普通的产品不可能让企业获得长久的成功,例如,相机、手机等产品,都朝着"高精尖"迈进。同时,随着5G、物联网、AI、新能源等技术快速发展,众多行业的商业模式将发生巨大的变化。例如,传感器、智能机器人、工业互联网等技术催生了智能工厂,企业能进一步满足消费者的个性化需求。

随着新技术、新产品、新业态不断涌现,以生产商为中心的传统商业模式逐渐转变为以消费者为中心的新型商业模式,如苹果体验店等。

此外,物流行业逐渐向无人化发展,寄件配送走向智能化;教育行业利用AI、5G等技术,做到"千人千面",因材施教。

总之,数字化转型已是大势所趋,它将推动各行各业洗牌重组。只有完全变革商业模式、重新定义业务的企业,才能生存和发展。

2. 数字化转型就是采用信息化解决方案

在信息化时代，企业习惯用信息化解决方案去解决运营、生产中存在的问题。信息化解决方案包含需求开发、系统设计、测试上线等内容，这些同样也是数字化解决方案的重要内容。

近几年，随着数字化转型成为各行各业的发展趋势，数字化解决方案开始被越来越多的人提及。从技术角度来看，许多数字化解决方案中使用的技术，如Java开发语言、Tomcat中间件等，也在信息化解决方案中得到应用。

因此，一些企业将信息化建设等同于数字化转型，然而这是一种片面的认知。事实上，信息化建设和数字化转型有很大区别。

信息化建设是指将原来的纸质化信息迁移到计算机上，从用人传递信息过渡到用计算机、网络传递信息，这只是计算机技术的一种应用。而数字化转型的目标是实现企业商业模式和业务流程的颠覆性改变，定位更高，内涵更深，外延更广。

从高度来看，数字化转型站在全局视野重新审视业务模式、业务流程和工具技术，重视整体性、系统性和协同性，用大数据思维驱动业务变革，将数字化作为业务创新发展的引擎与动力，而不是只强调用计算机实现业务电子化，不改变业务模式和业务流程。

从广度来看，数字化转型是全链条的连接与协同。信息化建设主要在线上进行，而数字化转型不仅在线上进行，还延伸到线下；信息化建设主要在企业内部进行，而数字化转型不仅在企业内部进行，还向产业链的上下游延伸。

从深度来看，信息化建设是通过粗颗粒度的信息来建模，而数字化转型则是以细化的信息来建模，如一个人的数据、一辆车的数据，甚至细化到人的脚、车的引擎等数据。另外，数字化转型还会追踪时间维度上的信息，不仅能明确目前发展状况，还能明确历史发展情况和未来发展预期。

一些企业的信息化建设存在统筹谋划不足的现象：一是企业内部系统林立，信息传递存在壁垒；二是企业缺少与上下游合作伙伴之间的信息连接，自成孤岛。因此，数字化转型除了要解决企业内部信息孤岛的问题，还要解决企业与外部合作伙伴之间缺乏协同的问题，以达到产出更多、效率更高、成本更低的目的。

3.模仿互联网企业是捷径

一些企业喜欢投资新技术，认为只要升级硬件、更新系统就能有立竿见影的回报。然而，很多企业无法依靠新技术真正提升经营水平，问题在于：第一，变革不是一蹴而就的；第二，企业缺乏对数字化转型的战略思考，在实战中只是"东拼西凑"。

企业管理者必须明白，数字化转型对于企业的发展不应是"锦上添花"，而应是"雪中送炭"。数字化转型不能只在某个部门中实现，而要成为企业中所有部门的共识，贯穿整个组织、连接所有职能，落地到战略制定、组织架构升级、运营等各个环节。

对此，许多企业竞相模仿互联网企业，希望找到一条数字化转型的捷径。但是，一味地将互联网企业的模式当作"万能灵药"，不思考自身业务的痛点，只会适得其反。另外，企业盲目投入资金改造互联网企业的模式，也将影响主营业务的发展。

对于传统企业来说，进行数字化转型不等于抛弃主营业务，盲目跟风只会自乱阵脚。企业应采取多层次的数字化转型策略，一边运用数字化技术升级现有业务，一边增强投资能力，创造新业务，实现可持续发展。

4.2 措施：数字化转型落地方案

对于企业来说，数字化转型的核心追求包括降本、增效、防风险3个方面。企业可以根据自己的实际情况，借助数字化工具，先从某一环节入手，循序渐进地将数字化转型落地。

4.2.1 数字化转型必备工具——金字塔模型

金字塔模型主要描述了企业数字化转型的5个层次，如图4-3所示。这5个层次是层层递进的。科技系统数字化是基础，支撑着流程再造、泛渠道整合以及用户体验的提升，而数字文化建设则是企业"脱胎换骨"，走向数字化的最后一个关键步骤。

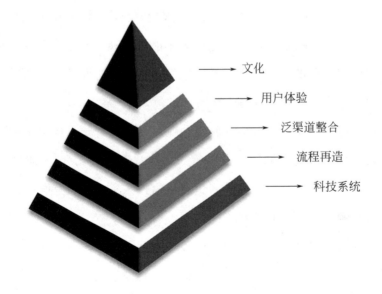

图4-3　金字塔模型

科技系统数字化主要包括企业对基础设施、核心系统、网络传输、云端技术等的建设，为数字化转型提供技术支撑。在基础层，企业要尽量做到核心系统分布式、多线程；在中间层，企业应尽量实现技术模块化、参数化；在应用层，企业应使技术具有开放性、可对接性，便于将企业产品嵌入不同生态场景中。

企业进行数字化转型，数据成为核心资产。如何将数据运用于业务的各个环节，替代原有的人工干预，提升流程效率和用户体验，成为流程再造的重点。传统企业的流程管理以控制为核心，而数字化转型后的流程管理则是以用户体验为核心，借助大数据、AI、区块链等技术，自动化、定制化生产将成为可能。

数字化并不意味着线下渠道的消失，因为线下渠道具有体验优势，线上渠道无法替代。线下渠道的一个发展方向是成为体验中心，与线上渠道相辅相成。企业可以整合线上、线下渠道，使二者相互连通。

在数字化时代，用户体验将成为企业的核心竞争力，这给很多中小企业和落后企业带来"弯道超车"的机会。企业可以对用户体验旅程的各个节点进行优化，包括产品质量、触点接触、购买咨询、增值服务等，秉持"体验至上"的理念，使各个环节无缝衔接。

处在金字塔顶端的是数字文化。企业想要成功进行数字化转型，必须拥有数字化DNA，即在企业文化、工作方式、管理方式等方面都进行数字化转型，让全员都拥有数字化思维。

4.2.2 制胜关键点：战略思维数字化+生态创新

企业想要成功实现数字化转型，就要做好两个方面，即战略思维数字化、生态创新。

1. 战略思维数字化

战略思维对企业数字化转型有指导作用，战略思维数字化有助于企业从战略层面确定数字化转型的方向，明确后续的步骤。某石化企业打造的电商平台正式运行后，彻底改变了传统的物资装备部门的职责定位，提升了采购部门的服务标准，为企业客户提供更优质的服务，增加了利润增长点。

电商平台为该企业拓展了现有的服务领域，带来了新的价值，在一定程度上使该企业现有的数据资产得到充分挖掘和利用，实现数据资产的市场化。

该企业积极响应数字化时代的新要求，从供应链管理的角度出发，以产业链为基础，在现有的电子化采购系统的基础上打造了电商平台。除了为该企业提供采购、销售、金融等服务外，电商平台还可以帮助该企业的下属企业实现增效降本、保供提质。

该电商平台建立在以下三大核心原则上：

（1）优中选精。在选品方面，该企业坚持优中选精的原则，致力于打造全球最大的工业品推荐平台，并依托各关联方的服务指数评价体系，在世界范围内甄选最优质的工业品资源。该企业从3万多家供应商与上百万种工业品中，挑选出了信誉好、技术强、服务优的126家供应商与2000种工业品，这些企业与产品是该电商平台上线的首批企业与产品。

（2）互利共赢。在服务方面，该企业坚持互利共赢的原则，致力于打造全球最大的工业品服务支持平台。同时，该企业全面扩展自身增值服务，推出了实现贸易环节全覆盖的多项高性价比业务，打造出全流程、全方位、全天候的服务支持平台，全面提升成本的可控性、交易的安全性及便捷性。

（3）融通供需。在交易方面，该企业坚持融通供需的原则，致力于打造全球最大的工业品贸易平台，充分发挥自身具有遍布世界各地的专业贸易团队的优势，成为用户的服务管家，为国际买家和供应商提供双向定制服务，满足他们更深层次的贸易需求，让供需双方互惠互利。

2.生态创新

一个人的能力是有限的，一个企业的能力也是有限的。在数字化转型的过程中，如果企业"单打独斗"，那么会很艰难。如果企业联合外部合作伙伴，打造一个全新的生态，就可以加快数字化转型进程。

近几年，企业更倾向于提升自身的创新能力以及智能化水平，以建立竞争优势。当越来越多的企业加入数字化转型的队伍，就形成了一种顺应新时代的"智能生态"。

这种智能生态可以帮助企业实现多赢。在智能生态中，企业不仅可以快速学习前沿知识，还可以借鉴其他企业的实践经验，最大限度地规避风险。不仅如此，这种智能生态还可以帮助企业清楚地了解自身的特点，从而缩短转型耗费的时间，降低试错成本。

"冰冻三尺，非一日之寒。"形成一个智能生态并不是短时间内能完成的事情，也不是在某一个行业内就能完成的事情，需要各行各业多角度、全方位地进行协作。实际上，如果各类企业、公共服务平台、科研院所、高校等都能积极协作，就可以在最短的时间内形成智能生态，实现多方共赢。

华商数据致力于帮助中小企业搭上新时代的"列车"，促进智能生态的形成。中小企业占我国企业总数的90%以上，它们对实现数字化转型有着不同的需求。华商数据集合了企业的管理系统、销售平台、生产方案等多个业务模块，可以有效帮助企业进行内部管理，并通过数据交互促进企业各部门间的高效协同，推动企业生态化发展。

在技术的支持下，华商数据针对中小企业的需求研发了企业管理系统——华商云服。这个系统集合了生产、销售、财务、库存、采购等多项需求,打破了企业内外部的壁垒,可以帮助企业,尤其是中小企业,解决技术落后、等待周期长、效果不明显等共性问题,帮助企业建立新型智能生态,实现多方位协同发展。

4.2.3 数字化转型的成长路径

企业数字化转型是一个动态的过程,并不是一蹴而就的,企业应从顶层设计开始,逐步推进、优化。

许多企业管理者认为,在业务中加入AI、数字中台等数字化工具就可以加速企业的数字化转型进程。实际上,企业的数字化程度不在于这些工具的使用情况,而在于数据发挥的作用。企业可以利用数字化MAX成熟度模型判断自身的数字化程度,从而制定最合适的数字化转型方案。该模型将企业分为6个级别。

第0级企业,没有使用数据分析工具,也没有将数据应用于企业日常运营中的企业。这类企业完全没有认识到数据的重要性,通常由管理层根据经验直接做出决策。

第1级企业,主要使用Excel进行数据存储和分析的企业。这类企业进行数据分析的频率较低,处理的数据少且零散,因此得到的分析结果相对片面,无法为管理者的决策提供帮助,也无法为企业的数据体系建设提供支撑。

第2级企业,已经建立数据分析部门的企业。这类企业使用BI(Business Intelligence,商业智能)分析工具辅助管理层进行决策,数据分析工作更具规模、更成体系。但由于BI分析工具有技术门槛,只有技术人员才能使用,因此无法全面覆盖企业的各项业务,也无法实时响应业务人员的需求。

第3级企业,可以系统地应用数据,利用数据分析结果支撑业务发展的企业。这类企业已经搭建较为完善的数据分析体系，组建了专业的数据分析团队，可以解决一些通用型数据问题。但其数据化运营成本过高，实现全面数据化运营的难度较大。

当企业的数字化水平达到第3级时，需要处理的数据大幅增加，数据治理就显得格外重要。数据的整合、维护、业务赋能等环节需要多个部门配合完成，其运作逻辑如图4-4所示。

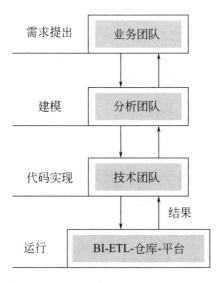

图4-4　数据支撑业务发展的运作逻辑

业务人员只需提出业务需求，建模、代码实现、运行都由技术人员完成，这会严重损耗他们的精力，阻碍产品研发进程。同时，由于数据分析结果并未应用于企业的核心业务中，数据的使用程度不深，因此会对企业的数字化转型进程造成阻碍。

第4级企业，围绕核心业务运营，能够利用数据为业务赋能的企业。这类企业通过沉淀自身的数据资产，实现了数据的良性循环，构建了较为完整的数据中台。业务人员可以利用工具自主完成80%的数据处理工作，如图4-5所示。

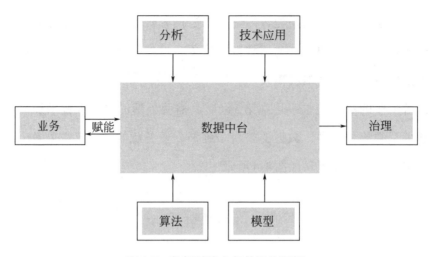

图 4-5 数据赋能业务的运作逻辑

数据中台加快了企业内部的数据、模型、算法等资源的共享进程，极大地提升了数据传输效率，使得每个部门都可以随时调用需求数据。业务人员可以将数据上传至BI分析工具并获得分析结果，这极大地减轻了技术人员的工作压力，他们可以将精力集中于梳理数据资产上，挖掘新的盈利增长点，加速企业的数字化转型进程。

第5级企业，能够利用数据实现业务创新与变革的企业。这类企业将内外部数据打通，已经实现了数据资产的沉淀，并据此制定先进、完善的数据战略，利用数据驱动自身发展。

企业发展到第5级时，便能够将自主研发的算法、模型、程序等转化为数据资产，形成独有的数据生态，使每位员工都可以快速获取需求数据。同时，企业管理者的数据运营思路、企业的数据人才培训体系趋于完善，企业数字化转型拥有源源不断的动力。

企业可以根据这个模型判断自身的数字化水平，了解自身的数字化劣势，明确数字化建设的重点及难点，制定最适合自身的数字化转型方案，快速实现数字化转型。

4.3 案例分析：数字化转型的先锋企业

不同企业实现数字化转型的战略和方案虽然有区别，但"万变不离其宗"。下面将以Nike、美年大健康、某定制家居集团作为案例，详细介绍企业如何实现数字化转型。

4.3.1 Nike：做精益求精的数字化转型

在过去的几年里，Nike逐渐从传统的运动品牌向贩卖运动风尚的高科技服务企业转变。这个改变也是Nike在数字化时代对新兴互联网企业发起的挑战。比技术优势更重要的是视野。Nike用互联网思维重塑自身的商业模式，转变为贩卖运动风尚的服务型企业。

Nike通过推出SNKRS App、微信小程序等数字平台，更高效地接触核心用户群，打造数字生态，同时还积极推动新零售模式落地，促进零售数字化转型。新推出的Nike App成为Nike实现数字化转型的核心工具。

除了购买衣服、鞋子等运动装备之外，用户还可以通过Nike App浏览Nike的相关资讯，定制专属的"Nike By You"服务。在不久的将来，Nike会与其他软件连接，将旗下多个应用的用户数据全部整合到Nike App中。

Nike走在时尚潮流的前沿，提前对企业的数字化转型进行了部署。Nike App帮助Nike建立了1对1的深度会员制度，在全面收集用户运动与健康数据后，与各类健康服务商建立了连接，致力于为用户提供更好、更快、更个性化的服务体验。

数字战略是Nike品牌战略的一部分，Nike的数字运动部门与产品研发、推广营销等重要部门级别相同，具有极高的战略地位。在数字运动部门成立之前,数字化项目的运营都是由营销部门中的数字营销团队负责。这种架构调整也表明了运动数字化对于 Nike 而言的战略地位。

Nike 将可穿戴的智能硬件与 Nike App 相连,搭建了新型营销渠道。用户可以借助这个平台交流与分享使用体验,在提高品牌忠诚度的同时,不断为 Nike 带来新用户。

有敏锐的时尚潮流"嗅觉"的用户是 Nike 的目标用户,这些用户的喜好急速变化,如果 Nike 无法与他们建立更紧密的连接,就很可能被他们抛弃。因此,Nike 以最快的速度开启了数字化转型之路,启动了很多技术项目,通过这种方式与目标用户同呼吸、共命运。

当然,启动这些技术项目只是 Nike 数字化转型的起点。Nike 的最终目标是完成数字化系统与流程的建设,创建创新型文化,在互联网市场竞争中占据优势地位。

4.3.2 美年大健康:建立数字化开放平台

美年大健康的董事长俞熔在一次云栖大会上表示:"美年健康作为中国最大的大健康数据中心和最大的流量入口平台,目前美年大健康已经与阿里云展开合作,双方共建云计算平台,并开展了健康体检、医学影像等核心大数据分析及合作应用。通过与阿里云的强强联手,美年健康将利用阿里云尖端的互联网技术,快速推进美年健康 400 家体检中心的数字化、智能化。双方联合打造适应未来发展所需要的健康大数据开放平台,以及中国最大的健康生态圈。"

随着人们健康意识的增强和医疗技术的进步,医疗健康产业迎来了重要的发展机遇。作为整个医疗健康产业的入口,健康体检行业肩负着振兴产业的重任。如何用最低的成本创造最大的数据价值,成为该行业中的企业提升自身核心竞争力的关键。

美年大健康以专业、高品质的体检为基础业务，以健康检查为切入点，围绕疾病预防、健康保障等方面展开服务，致力于形成稳定的商业生态闭环，实现健康大数据与互联网金融的结合，打造有价值的个人"健康银行"。

美年大健康的管理团队清楚地意识到云战略是企业发展的趋势，精准、连续、可靠的海量大健康数据是美年健康的核心竞争优势，数据的充分挖掘和精细化管理是美年健康整体战略规划中最重要的一环，云战略对美年健康具有重要的战略意义。

从云平台的规划、建设、运维及长远发展的角度出发，为了满足影像业务需求，构建全面、可扩展的影像云平台，美年大健康引入人工智能辅助诊断设备。如今，已有几十家门店成功接入影像云平台，其余门店也在陆续接入中，这极大地减轻了医生的工作量，节省了大量的医疗资源。美年大健康通过流行病调查、健康白皮书等方式，用积累的医疗资源反哺社会，推动我国公共卫生事业的长足发展。

随着合作不断深入，美年大健康打造的开放型数据平台将成为远程疾病防控中心。在AI、云计算等技术的支持下，美年大健康实现了在医学影像、生物信息等领域的战略布局，进一步增强了健康产业生态系统循环的能力。

4.3.3 定制家居集团：拓客与交付的完美转型

在房地产行业整体形势不乐观、上游市场萎缩的情况下，家居企业也受到了影响，面临业绩和利润大幅度下滑的困境。为了尽快摆脱困境，某定制家居集团迅速采取行动，深入研究以消费者为核心的业务流程并对其持续优化，如图4-6所示。

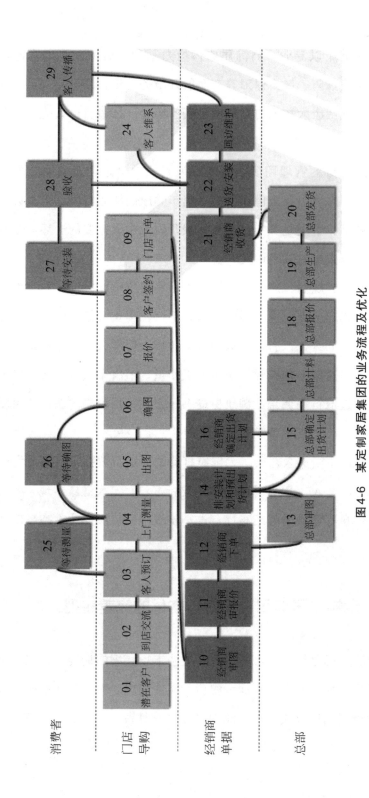

图 4-6 某定制家居集团的业务流程及优化

面对困境，该集团启动从生产到服务的"一横一纵"数字化转型战略，聚焦两大核心：数字化拓客和数字化交付。

1. 数字化拓客

在拓客方面，该集团面临很多问题，包括线上渠道碎片化，人工对接和分配线索效率低，难以承接大量营销线索；营销活动在门店的传播力不足，线索少；拓客数据没有得到很好的应用和分析，营销投入与产出不明确等。基于这些问题，该集团的导购不能再像之前那样坐等消费者上门，而要采取线上社交裂变等方式进行营销拓客，如图4-7所示。该集团打造了数字化拓客平台，实现了全域线上拓客和渠道的持续优化。

数字化拓客平台将品牌商和门店紧密连接在一起，形成了"拓客—到店—成交"的闭环。例如，门店通过数字化工具在小区进行推广，消费者可以通过一对一扫码等方式加入微信群，即可查看自己户型的设计样板间和案例。消费者甚至可以一键联系家居顾问，实地查看样板间装修效果。门店的导购可以在推广中获得消费者信息，邀请消费者进入微信群，定期在群里发布营销信息，推动成交。

目前，该定制家居集团数字化拓客平台已经覆盖了超过1500家门店，有4000多位导购使用，并实现了500多个小区的推广和广告投放，取得了非常不错的拓客效果。

2. 数字化交付

从下单到上门安装完毕，消费者全程都非常关注消费体验，这就要求该集团必须重视交付的周期。在没有进行数字化转型的情况下，交付过程是非常长的，包括下单、设计、定价、付款、生产、运输、安装等环节，可能还涉及改单，整个过程不透明，非常容易受到人为因素的影响。交付

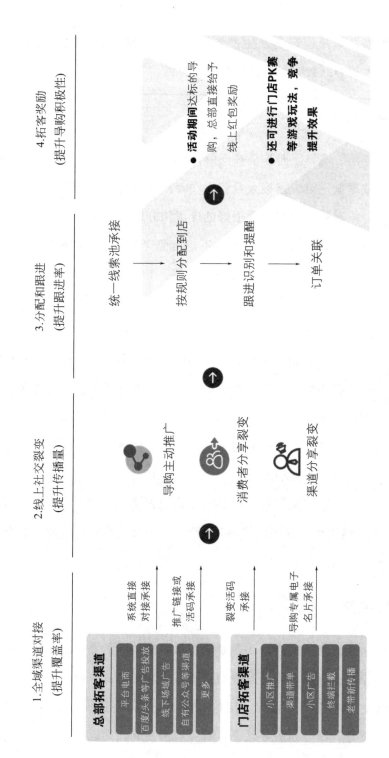

图 4-7 营销拓客方式

第4章 战略布局：数字化转型的关键之举

效率低下使得总部的成品库存不断增加，也使人为废品率提升，导致库存成本越来越高。

为了解决上述问题，该集团设计了"一单到底"式的数字化交付平台，实现了对交付流程的智能化监控和超期自动预警，如图4-8所示，提升了交付效率，并进一步优化了消费者的消费体验。另外，该集团还通过AI、大数据等技术替代原有的人工识别和手工操作，让信息直达消费者，为交付过程中消费者的决策提供依据，实现责任追溯。

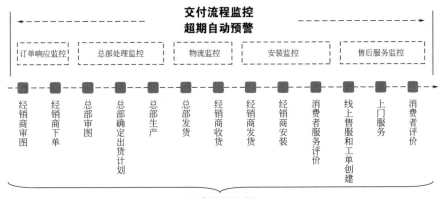

图4-8 "一单到底"式的数字化交付平台

订单响应监控能够监控从消费者下单到企业接单的过程，提升零售定制订单响应效率。总部处理监控即在工厂接单到加工完成入库的过程中，监控订单整体加工进度，提升工厂加工交付效率。物流监控即监控物流接收到物流签收过程，提升物流运输效率。安装监控即对经销商发货到安装完成的速度进行监控。售后服务监控即监控工单接收到完成服务、验收的整个过程，监控上门服务人员的服务响应速度及服务质量。

数字化交付平台打通了从下单到安装的所有环节，并持续改进快速下单、自动核销、高效发货等业务场景。该平台取消了之前低效的手工流程，使交付周期缩短了4天左右，同时通过打通信息传输通道，使消费者超期投诉减少了61%。通过自动化和智能化的改单管理与发货管理，该平台还极大地减少了成品浪费现象，降低了大约7%的库存成本。

在数字化时代，市场形势和竞争格局瞬息万变。该定制家居集团及时转变发展方向，进行数字化转型，突破了发展瓶颈。这也警示其他企业，要想不被数字化时代淘汰，必须积极创新，以更快的速度适应新环境，找到适合自己的成长方法。

第5章 标准配置：产业互联网与中台建设

新一代信息技术带动了互联网行业的发展，促使消费互联网向产业互联网稳步迈进。企业对数据驱动的需求日益迫切，中台系统应运而生，成为推动企业数字化转型的最佳实践方案。产业互联网是企业实现数字化转型的"快捷键"，中台系统是企业数字化转型的重要支点。

5.1 数字化转型升级：产业互联网

作为经济社会数字化的新成果，产业互联网是产业数字化的重要载体，为企业提供了具体的行动路径。随着技术的蓬勃发展，技术应用的侧重点从消费环节转向生产环节，最终呈现出技术飞速发展、产业互联网刚起步的不平衡状态。

实际上，产业互联网是数字经济发展的高级阶段，具有独特的社会使命。企业只有了解产业互联网的概念以及如何打造产业互联网，才能深入挖掘产业互联网的价值，推动自身稳步发展。

5.1.1　基础概述：什么是产业互联网

很多企业将产业互联网视为互联网的延续，认为产业互联网与互联网只存在连接对象的区别。其实产业互联网的内涵更丰富，它囊括了交易平台、仓储加工、供应链金融、技术服务、企业服务等多个领域，主要围绕电商、物流、支付等环节展开，如图5-1所示。

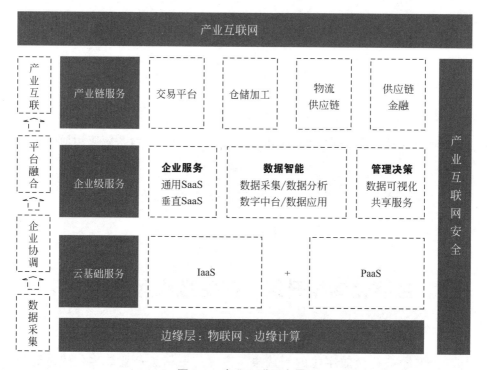

图5-1　产业互联网全景

企业对产业互联网的错误理解在一定程度上阻碍了它的发展，随着实践的深入，企业对产业互联网的本质、产业互联网该如何落地等问题有了新的认知。企业可以通过分析互联网龙头企业的业务布局了解产业互联网的发展方向。阿里巴巴的C2M（Customer-to-Manufacturer，用户直连制造）超级工厂、京东的智慧零售战略、拼多多研发的分布式AI技术，底

第5章 标准配置：产业互联网与中台建设

层逻辑其实都是去中心化。

中心化、平台化的互联网企业将作为一个环节、一项流程成为产业的一部分。互联网企业将通过新型技术与传统行业进行融合，以一种全新的方式实现产业端与消费端的对接。例如，拼多多研发的分布式AI技术增强了互联网的普惠性，使产业更多元、消费更均等，高级的消费权益也不再是大城市的专利。这种去中心化的逻辑也是拼多多有机会借助产业互联网的浪潮崛起的关键。

产业互联网的发展路径与消费互联网截然不同。后者以衣、食、住、行为核心，而前者以更具现代感和科技感的智能互联、信息整合、数据决策、人机协作为核心，如图5-2所示。另外，产业互联网对制造流程的可控制性有更高的要求，这意味着流水线型制造模式更容易促进产业互联网的发展。

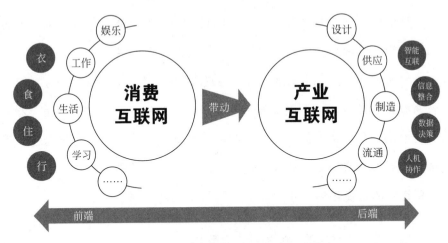

图5-2　消费互联网VS产业互联网

以物流行业为例，标准化、流程化的运营模式能够显著提升物流运输效率，物流企业可以将物流运输经验总结为标准化的体系或产品，物流行业的服务也因此越分越细。例如，整车运输、零担运输曾经被统称为运输服务，如今，零担运输进一步细分为大票零担、小票零担等。产业互联网将企业千差万别的需求进行分类与汇总，并为其提供一系列的服务，精准地创造价值。

5.1.2 产业互联网的价值和使命

产业互联网能够将数字化贯穿于生产、流通和消费等各个环节，对构建经济发展新格局、推动经济高质量发展具有重要的战略价值。产业互联网的价值和使命主要体现在以下3个方面。

1. 拓展生产、流通与消费的边界

生产、流通和消费等环节共同构建了经济大循环的完整链路。在生产方面，产业互联网不仅能够通过共享制造和智能制造等新型生产方式提高产量，还能够通过技术升级促进产品创新，提升产品质量，从而为产业链现代化、产业基础高级化和产业供给侧结构性改革提供助力。

在流通方面，产业互联网能够利用技术充分为产品流通赋能，例如，智慧物流、社区电商、无接触配送等新型流通方式大幅拓展了产品与服务的触达范围。在消费方面，产业互联网能够通过线上线下融合创造出有形消费品的新型消费模式，还能够通过技术增加无形消费品的种类，从而推动消费边界的快速拓展。

2. 提高供给侧与需求侧之间的适配性

产业互联网能够降低供需信息的不对称性，提升供需匹配的精准性。产业互联网能够将分散的供给信息与需求信息进行整合，提升产业链、供应链的现代化水平，从而促进产业集群之间相互适配，提高供给侧与需求侧之间的适配性。

3. 增强城乡与区域之间的连通性

产业互联网的智慧零售、电商直播等新型销售模式能够推动产品的循环流动，增强城乡和区域之间的有效贯通。智慧教育、远程医疗等服务模式能够推动公共服务从城市向乡村、从发达地区向欠发达地区流动，从而推动城乡经济一体化和区域协调可持续发展。

产业互联网反映了经济发展趋势，为企业数字化转型提供了新的机遇。同时，产业互联网也为社会经济的发展注入了新的动能。

5.1.3 打造产业互联网的六大步骤

企业可以遵循以下步骤打造产业互联网。

第一步，寻找产业边界。

企业需要对产业进行研究，找到借助互联网技术可以打破的产业边界，如地域、技术、服务等，以解决产业核心痛点为切入点，发展新业务。这样企业就可以在扩大产业规模的同时，进一步提升运营效率。

例如，互联网提升了信息传输速率，扩大了信息传播范围，同时提高了信息的透明度。企业可以借助互联网将产品的设计、生产、物流、库存等信息汇聚起来，让所有工作人员都可以实时获取产品信息，从而有效提升产品生产效率和物流效率，解决供需不平衡的难题。

第二步，创造产业价值。

产业互联网价值的实现以提升产业价值为前提，如果产业互联网不能激发用户的消费欲望，或者不能帮助企业节省运营成本，那么它就失去了价值。企业可以在打造产业互联网初期综合考虑产业高利润区与自身的业务规划，有针对性地选择产业互联网的发展方向。

第三步，建设基础设施。

基础设施是产业互联网形成竞争优势的关键，如互联网、物联网、PaaS平台等都是产业互联网的基础设施。企业可以利用这些基础设施对产品进行深度量化，从而实现产品的标准化、规范化。优质的基础设施可以帮助企业形成技术壁垒，从某种意义上来说，基础设施的建设过程也是价值服务形成的过程。

第四步，形成规模优势。

企业达到一定规模后，收益会随成本的降低而增加，这意味着企业形成了规模效应。互联网的边际成本更低、用户量更大，如果企业可以借助资本的力量形成规模优势，就可以充分利用规模效应进一步降低服务成本，增强自身的核心竞争力。

第五步，构建平台生态。

在形成规模效应后，大量的活跃用户又会反过来吸引供应端企业加入，从而形成完整的平台生态。这种现象又称"梅特卡夫定律"，即网络价值以用户数量的平方的速度增长。产业互联网初具规模后，企业就需要建立完善的运营模式以及利益分配机制，同时还要将平台用户进行深度细分，从而吸引供应端企业加入，进一步完善平台生态。

第六步，建立数据模型。

产业互联网投入使用后，随着使用人数的增加，系统内部会沉淀大量数据。这时企业需要充分挖掘数据间的关联性，并利用这种关联建立用户数据模型，进一步提升用户转化率，充分挖掘产业互联网的价值。

成功打造产业互联网后，企业就可以利用线下资源优势拓展线上业务，打造物流运输平台、集成交易平台，实现线上线下一体化发展。

5.2 中台是实现数字化转型的"利器"

除了产业互联网,企业数字化转型也离不开中台系统。这种可以快速响应前台需求,并在短时间内获得后台支持的系统,加快了企业商业模式转型的进程。

5.2.1 基础概述:什么是中台

传统互联网企业通常会按照功能将研发团队划分为前台与后台。前台即用户直接接触的部分,如App、网站等;后台即不直接面向用户,而是面向运营人员的部分,如企业的内部管理、为前台提供的支持等。通常情况下,后台为整个应用提供技术支持,前台将后台的内容进行封装,并以更通俗的形式展示出来。前台与后台的服务模式如图5-3所示。

图5-3 前台与后台的服务模式

实际上,这种前后台的模式可以快捷地为企业提供解决方案。前台负责展示与交互,后台负责解决用户需求,二者结合就是一个最简单的产品。

日益激烈的市场竞争使企业不得不持续更新自身产品,前台也必须快速迭代。在这种情况下,为了支撑更多的业务发展,后台会变得越来越庞大,最终无法适应前台的变化。以电商平台为例,在企业未引入中台时,前台的每项功能都需要与后台对接,如图5-4所示。

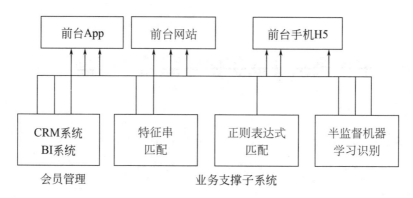

图 5-4　前台与后台的对接

这就要求后台的每一个模块都要与前台适配,极大地增加了后台的研发工作量与前台的启动工作量。而当后台需要进行功能升级或结构调整时,研发人员需要考虑到前后台匹配问题,并逐一进行调整。这些琐碎的问题会在一定程度上浪费研发人员的时间与精力,降低研发效率。

引入中台后,企业就可以将中台作为对接枢纽,并将后台的各项系统进行封装,让前台可以直接使用这些服务,无须再设计专属通道。这将会最大限度地简化企业的业务架构,如图5-5所示。

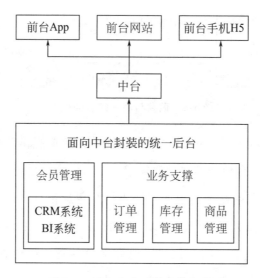

图 5-5　引入中台后的业务架构

中台可以支持前台快速试错与创新，其本质是服务共享。企业可以将中台视为标准化的中间件，例如，研发团队可以将"用户昵称"这个字段模块化，设置为一个中台模块，当前台需要使用"用户昵称"这个字段时，就可以直接调用对应的中台，从而快速实现与后台的对接。

如今，如何利用最低的成本在最短的时间内实现业务创新不仅是企业提升市场份额的重要课题，更是企业实现高质量发展的重要课题。中台可以对企业的业务结构进行重构，最大限度地提升研发团队的工作效率，为企业提供全新的解决方案。

5.2.2 中台的3种类型

根据面向对象的不同，中台分为数据中台、技术中台、业务中台3种类型。

1. 数据中台

数据中台通常会从后台以及业务中台获取需求数据，将这些数据整合、分析、计算、存储后，构建可复用的数据能力中心，为前台的定制化创新提供有力支持。数据中台的架构如图5-6所示。

2. 技术中台

技术中台是通过资源整合将企业自有能力进行封装，并为前台提供技术、数据等资源支持的平台。它由平台化的架构演化而来，微服务开发框架、容器云、PaaS平台等都是技术中台的具体形式，它们都最大限度地过滤掉复杂的技术细节，为前台和其他中台提供易用、便捷的基础设施。技术中台的架构如图5-7所示。

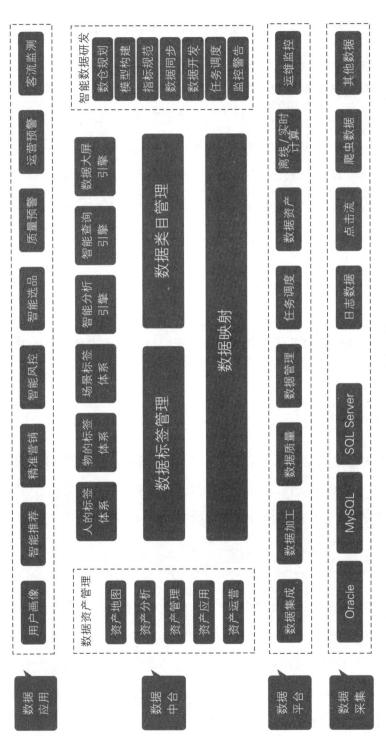

图 5-6 数据中台架构图

第5章 标准配置：产业互联网与中台建设

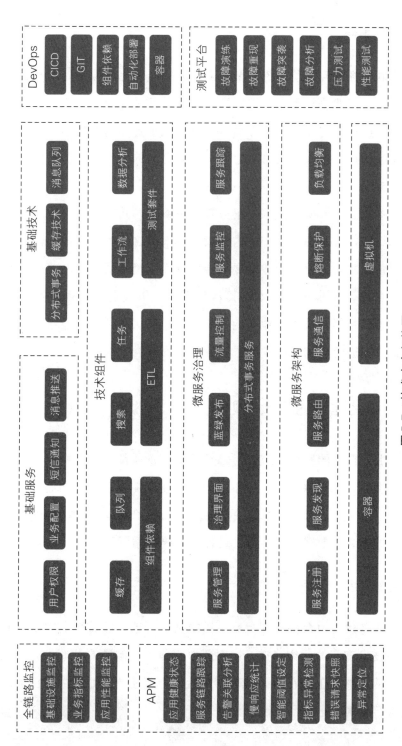

图5-7 技术中台架构图

3.业务中台

业务中台将业务管理系统汇聚起来，形成一体化的业务处理平台。它将后台的业务资源进行整合，提升了前台的业务处理能力。业务中台将各项业务的底层逻辑与实际应用分离，有效降低了各部门的沟通成本，增强了各项业务的运作效率以及员工之间、部门之间的协作效率。业务中台的架构如图5-8所示。

中台将企业的数据、技术、业务需求场景化，并将那些可复用的流程进行有机组合，显著提升了部门内部以及各部门之间的协作效率，降低了企业的运营成本。因此，企业需要结合自身实际经营情况，围绕核心业务建设所需中台，同步推进技术工具、分析能力以及业务流程的数字化进程，尽快形成数据、技术、业务的完整闭环。这可以帮助企业建立完善的战略机制，促进企业的良性发展。

5.2.3　中台建设的三大原则

为了提升自身的需求响应能力，几乎所有企业都在全力打造产业互联网。但仅拥有产业互联网是远远不够的，企业还需要以自身的实际经营情况为基础，建设能推动企业发展的中台，从而提升各项业务的反应速度，降低试错成本。企业在建设中台的过程中需要遵循以下原则。

1.战略举措优先原则

企业要将建设中台提升到战略举措的高度，这意味着企业需要打通业务部门与技术部门的决策通道，同时还要明确各项问题的处理优先级以及构建中台的职能分工。在明确战略方向后，企业还要定期对战略目标的完成情况进行核实。

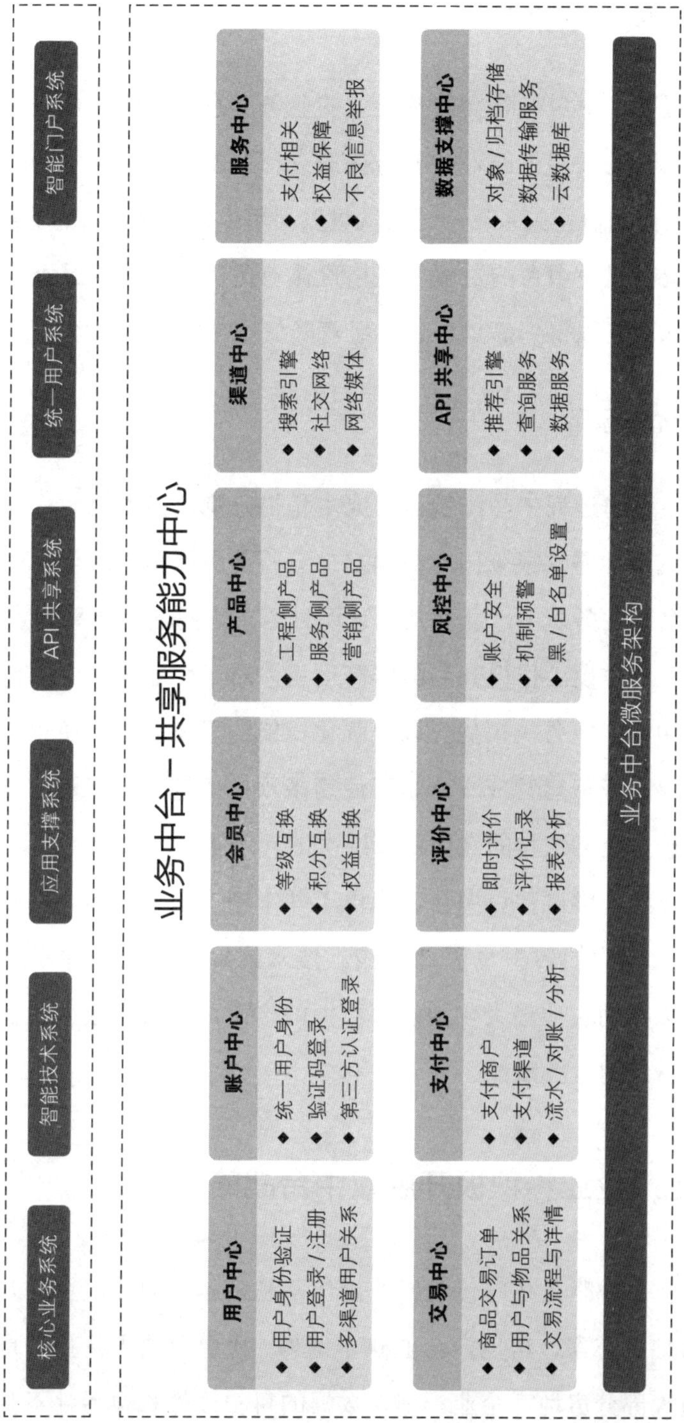

第5章 标准配置：产业互联网与中台建设

业务中台 – 共享服务能力中心

核心业务系统 / 智能技术系统 / 应用支撑系统 / API共享系统 / 统一用户系统 / 智能门户系统

用户中心
- 用户身份验证
- 用户登录/注册
- 多渠道用户关系

账户中心
- 统一用户身份
- 验证码登录
- 第三方认证登录

会员中心
- 等级互换
- 积分互换
- 权益互换

产品中心
- 工程侧产品
- 服务侧产品
- 营销侧产品

渠道中心
- 搜索引擎
- 社交网络
- 网媒体

服务中心
- 支付相关
- 权益保障
- 不良信息举报

交易中心
- 商品交易订单
- 用户与物品关系
- 交易流程与详情

支付中心
- 支付商户
- 支付渠道
- 流水/对账/分析

评价中心
- 即时评价
- 评价记录
- 报表分析

风控中心
- 账户安全
- 机制预警
- 黑/白名单设置

API共享中心
- 推荐引擎
- 查询服务
- 数据服务

数据支撑中心
- 对象/归档存储
- 数据传输服务
- 云数据库

图 5-8 业务中台架构图

业务中台微服务架构

089

2.业务决策优先原则

通常情况下，中台战略会改变企业的业务形态。因此，企业的业务部门需要围绕自身的发展战略，对业务决策进行调整。在明确中台规划以及中台与业务之间的协作关系后，企业就可以利用中台支撑前台的业务发展。

如果企业在建设中台的过程中严格遵循业务决策优先的原则，那么企业的业务诉求就可以得到满足，这将显著降低中台的价值风险。

3.赋能优先原则

在建设中台的过程中，降低运营成本和提升响应能力之间存在不可调和的矛盾，这两种需求很难同时被满足。在将业务流程中台化后，企业就可以利用中台为业务赋能，从而找到这两种需求之间的最佳平衡点。

企业将中台建设工作提升到战略高度后，对于企业来说，中台就不只是一个成本中心。业务决策优先以及强化赋能的思路，也会使企业的关注重点从是否显著降低运营成本、是否使用多项技术等表层问题，转移到业务收益的提升、业务结构的优化等深层次的问题上。

许多企业都曾尝试建设中台，但由于并未遵守上述原则，导致中台形同虚设，企业架构的转型也因此搁浅。技术的发展推动了共享生态的发展，中台可以帮助企业最大化地发挥数据的作用，中台将成为企业宝贵的数据资产，持续为企业赋能。

5.2.4 地产企业：积极开展双中台战略

如今，中台战略正在向传统行业延伸，越来越多的传统企业开始寻找中台战略落地的方案，房地产企业也不例外。A企业的主营业务是房地产开发，它与大部分房地产企业一样，数据的可拓展性和灵活性不强，无法同时处理大量的用户数据。

在推行双中台战略后，A企业分别针对用户和置业顾问推出线上售房软件，在线下房产交易的寒冬期创造了可观的交易额。

数字化时代要求企业快速响应用户的需求，但用户的需求在快速变化，因此，根据市场变化快速生成全新的业务流程的能力是每个企业都要具备的。要想拥有这种能力，企业必须与用户建立强连接。A企业根据自身的经营状况制定了"业务+数据"双中台战略。

A企业为业务中台设置了5个基础目标和5个对应的模块，同时，它还以业务中台为基础，针对自身存在的问题建设了数据中台。数据中台同样包含5个模块，A企业将前台的应用与这5个模块连接起来，充分发挥双中台的作用。

双中台战略可以帮助A企业打通内部数据，业务人员可以更便捷地构建统一视图，为数据分析奠定基础。同时，A企业还可以借助数据挖掘算法，建立销售力模型和风险指数模型，为管理者的战略决策提供数据支持。

双中台战略帮助A企业实现了智慧交易，解决了A企业的"内忧"与"外患"，是A企业突破发展阻碍的重要途径。此外，它还帮助A企业在保留核心价值的前提下进行创新，使A企业可以更好地满足用户需求，适应市场的发展趋势。

下篇

数字化为企业赋能

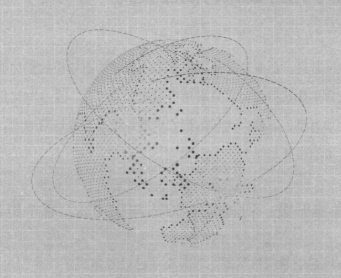

第6章 数字化赋能商业模式

商业模式变革是企业数字化转型的重要步骤之一,重新定义了企业创造价值的方式,能够帮助企业在数字化领域建立竞争优势,获得更长远的发展。数字化转型能够赋能商业模式,用全新的数字化流程创造新的价值。

6.1 数字化打破原有商业模式

在数字化时代,企业越来越重视效率。简单的商业模式更加便于企业操作,使企业更快获得盈利。只有将商业模式简单化,企业与用户之间的交流才能更加直接、方便。这样的模式更容易提高企业运营效率,帮助企业抢占更多市场份额。

6.1.1 思维升级:利润提升30%与300%,哪个更容易

随着市场竞争越来越激烈,许多企业已经触碰到了行业的盈利上限,

这时想要实现5%的利润提升都是一件非常困难的事,更遑论利润提升30%。如果企业可以颠覆传统的商业模式,打破原有的竞争格局,就可能轻松实现300%的利润提升。

如今爆红的酸菜鱼只是川菜中的一道菜品,有人发现了它的价值,将这道菜快餐化、去厨师化,实现了菜品的价值重构,发展为一个完善的餐饮品类。实际上,这种逻辑适用于各个行业。如果企业可以挖掘出产品背后的核心原理,经过逆向推导、拆分重组后,就能实现价值重构,创造出足以颠覆行业的创新产品。

著名企业家马斯克经营特斯拉、太阳城(Solar City)等十几家规模庞大的企业。他完成了一个又一个创举,如重构了智能汽车的电池,提出了城市隧道的构想,实现了火箭的回收再利用等。

早期电动汽车无法广泛普及的原因在于价格过于昂贵。在将这个问题进行拆分后,马斯克发现电池是电动汽车最贵的零部件,每辆汽车要花费近5万美元配置电池。在找到核心问题后,他便开始进一步研究电池的材料及构造原理,对电动汽车的电池进行了重构,使得电动汽车的成本仅有原来的1/7。

不仅如此,马斯克还使得隧道的挖掘成本变为原来的1/10,火箭的发射成本变为原来的1%。许多他参与构想的项目已经正式投入使用,推动行业创新发展,许多行业都因此发生了翻天覆地的变化。

当然,这种逆向思考找到核心问题的思维方式并不是马斯克专有的,类似的案例还有许多。例如,在马车公司出现经营困难时,福特先生没有立即对马车结构进行改良,他认识到用户使用马车是为了更快地到达目的地,由此他制定了汽车的制造方案,从根本上解决了公司遇到的问题。

企业发展到一定高度后,势必被现有的技术、生产能力、战略方法所局限。当企业遇到经营管理瓶颈时,管理者与其苦思冥想如何提升30%的效益,不如找到问题的本质,重构企业的价值,实现300%的利润提升。

如今的资本市场变幻莫测，每一种新想法都可能使企业在激烈的市场竞争中脱颖而出。在这种情况下，企业管理者应该更新自己的思维模式，将实现300%的利润提升作为企业的盈利目标，从而推动整个行业的变革。

6.1.2 重组商业模式，以创新推动变革

商业模式的数字化转型对于企业整体的数字化转型非常重要。在数字化时代，企业应该调整现有商业模式，打造顺应时代发展的数字化商业模式，关键点如下。

1.巧妙进行跨界融合

随着数字经济与各个领域不断融合，一、二、三产业之间的跨界融合越来越普遍，跨界成为企业创新商业模式的重要方法之一。例如，旺仔牛奶推出潮服、故宫推出彩妆、六神花露水推出鸡尾酒等。

跨界融合是指两个或多个品牌通过融合、渗透、合作推出产品，用视觉和认知上的反差吸引消费者的注意力，使合作的几个品牌都能获得扩大化的营销效果，提升品牌知名度。

跨界融合是将几个原本毫不相干的元素相结合，为消费者创造新奇的消费体验，以加深其对品牌的印象。因产品与消费者的固有认知存在反差，所以很容易在消费者之间形成话题，促使消费者自发地传播产品。这种商业模式打破了传统的思维方式，融合了不同品牌的特点，实现了"1+1＞2"的效果。

大白兔诞生于1959年，是一个货真价实的老品牌，具有很强的创新能力。继奶茶、冰激淋后，大白兔又与气味图书馆联合推出了大白兔奶糖味的香水、沐浴露、护手霜等产品，一经上线就在网络上引起了热烈的讨论。几款产品在官方旗舰店的销量都在短时间内超过2万，并登上了微博

热搜。活动期间品牌总曝光量超过2.5亿，传播效果超乎想象。

2.对商业模式进行极简创新

随着租房成为年轻人的必要需求，市场上出现了很多租房类App。贝壳找房作为行业中的佼佼者，是如何通过极简创新抓住消费者心理的呢？

混沌大学创办人李善友曾经说过："简洁不是从横向做减法，而是在纵向上做除法。"因此，极简创新不是降低用户体验感，而是透过问题表象，找到最底层的原因。

下面以贝壳找房为例，分析如何对商业模式进行极简创新。

（1）自有品牌向平台化转型。贝壳找房原本是链家一个业务线的延伸，从表象看，贝壳找房从自有品牌向平台化转型，是为了拥有更多的客户和更大的市场。贝壳找房用ACN（Agent Cooperate Network，经纪人合作网络）的逻辑，打破了房产经纪人、房东、品牌之间的边界，把房产经纪人之间的竞争关系转变为合作关系，提升了行业运行效率。

（2）一次博弈与零和博弈。从外部看，链家所在的房产中介行业正面临着"真房源"的挑战，整个行业面临着信任危机。从内部看，B端与C端（Consumer，指个人用户）存在矛盾：C端的一次博弈，即对每位客户只做一次性买卖；B端的零和博弈，即市场规模有限，同行之间竞争激烈。

对于C端的个人客户来讲，买房、卖房、出租房都是一个低频的行为，这个周期甚至比房产经纪人的平均职业周期还要长。数据显示，房产经纪人的平均职业周期是6个月，而在6个月中，人均成交量为1.5套房。

这意味着一个房产经纪人几乎不可能为同一个客户提供二次服务。既然复购希望渺茫，那么房产经纪人就会抱着"一次性宰客"的态度。

对于B端的品牌门店来讲，不仅不同品牌的门店之间存在竞争，同品牌的不同门店之间也存在竞争。每个门店覆盖的范围是有限的，客户也是有限的，如果一家店多成交了一个客户，那么其他店就会少了一个客户。

因此，贝壳找房将C端的一次博弈变成多次博弈，将B端的零和博弈变成多赢博弈。贝壳找房将房产经纪人的业务链条拆解成10步（房源方5步，客源方5步），每步都由一个独立的房产经纪人负责并回传信息至贝壳找房，房产经纪人可以得到相应的报酬。

房源方的5步工作加起来能分到40%多的中介费，客源方的5步工作加起来能分到50%多的中介费。其中，客源成交人能拿到佣金总额的30%左右。这番改动让一次性买卖变成多个房产经纪人共同为一位客户服务，而报酬则按照房产经纪人完成的工作来计算。

面对既定的报酬，房产经纪人不用考虑客户是否会成交，只要完成自己的工作即可，于是房产经纪人多次为一位客户服务成为可能。而原本品牌门店之间的竞争关系变成了权责明确的协作关系，形成了多赢的局面。

（3）提升单体从业者价值。从价值层面来看，贝壳找房的ACN合作模式把员工变成了合作伙伴，这样有什么好处呢？其最大的好处之一就是延长了房产经纪人的平均职业周期，由原来的6个月延长为24个月。

众所周知，如果一家企业员工流动频繁，相当于只付出了成本，没有获得人才的价值回报。因此，贝壳找房将房产经纪人的工作进行拆解，简化了房产经纪人的工作，延长了房产经纪人的职业周期，让每位房产经纪人能接触到更多业务，从而提升了他们的价值。

6.1.3　技术升级：轻资产模式受到追捧

技术与实体经济深度融合，促使传统行业中的企业由重资产模式向轻资产模式过渡。使用重资产模式的企业通常需要投入较大数额的资金，但利润率比较低。例如，大多数传统机械制造企业在更新产品时需要同步更新生产线，资产折旧率比较高。

使用轻资产模式的企业大多会在自己所有的业务中挑选出最重要的一

第6章 数字化赋能商业模式

项作为核心业务,而将其他的非核心业务外包给其他公司运营。万达集团是轻资产模式(图6-1)的典型代表,它将该模式细分为两种,分别是投资类轻资产,即第三方投资,万达负责选址、设计、建造、招商、运营;合作类轻资产,即第三方投资、出地,万达负责设计、建造、招商、运营,净租金则由双方7∶3分成。轻资产模式为万达带来了不少收益。

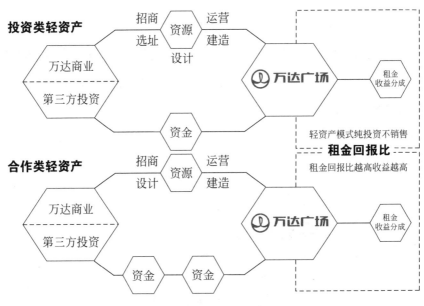

图6-1 万达集团的轻资产模式

在数字化时代,数据资产是大多数使用轻资产模式的企业的核心资产,驱动企业的商业模式智能化变革。生产经营活动中产生的各类数据成为价值非凡的新生产要素,具有利于共享、便于流转、智能化等特点。数据把企业运营的每一个环节连接起来,不仅加速了各生产要素的流通,降低了生产成本,还开创了新的价值创造模式。企业收集、处理和存储数据的能力得到了提升,生产和决策也向智能化方向发展。

数字化转型使企业实现规模化定制、服务化延伸。这样不仅能提高产品质量,还能促使企业生产方式由大规模生产转变为大规模定制,促进整个产业结构升级。在生产方式转变的基础上，企业可以以用户需求为导向，构建以服务为核心的轻资产模式。

例如，某商业地产公司在之前的发展中沿用重资产模式，商业地产的投资、建设和管理均由公司完成，公司通过房地产销售的收入进行商业投资。这种"以售养租"的模式在新时代已难以为继，因此转型成为该公司发展的必由之路。

转型之后，该公司主推轻资产模式，也就是商业地产的设计、招商、管理和运营都由公司负责，使用公司自身的品牌，但是拿地、施工建造等环节外包给其他企业。在这种模式下，该公司不再需要独自承担风险，降低了遭受损失的概率，而且获得收益的渠道变多。该公司的收入不再只来源于销售，发展日趋平稳。

6.2 打造数字化商业模式

传统的商业模式大多是通过数据流量的增长实现企业营业收入的增长，但流量的增长只能提升产品的曝光度，用户转化率低、复购率低等问题都没有得到解决。为了解决以上问题，企业需要打造数字化商业模式，谋求更长远的发展。

6.2.1 摒弃流量型商业模式

传统的商业模式对流量存在极强的依赖性，随着流量成本的增加，企业能从中获得的利润越来越少，这种商业模式的弊端也逐渐显露。

与此同时，企业的经营习惯、同质化的产品与服务进一步加速了传统商业模式的消亡。如今的企业大多没有摆脱思维定式，依然将流量作为降本增效的秘密武器。而每一次技术升级都会引领全新的战略风向，这就导致了价格战。

"9.9元包邮"已经成为打造爆款产品最常用的营销方法。这种方法可以在短时间内提升产品销量，但它只能为企业带来与品牌定位不一致的、无法提升复购率的流量，不能增强用户黏性，提升曝光度。过度依赖流量的企业很难获得长足的发展。

当然，基于流量的商业模式对于那些用户量较少、不需要实时监控的业务场景十分适用，这种模式也不会就此消亡。企业应该顺应时代变化，对现有的商业模式进行数字化创新，拓展企业的成长空间。

6.2.2 实现IP商业化

对于企业而言，品牌核心价值是品牌资产的主体部分，用户的注意力永远是稀缺资源，他们可能记不住企业的名字，但能轻易地记住品牌的名字。实际上，实现品牌IP的商业化，可以唤醒用户的人格认同感和质量认同感，为企业带来庞大的流量。

心理学中的社会认同效应很好地解释了这种用户心理。社会认同出现在用户的决定具有不确定性时。当用户遇到自己拿不准或者不确定性过大的事件时，就会通过观察其他人的行为而做出相同的行为。

一个品牌在自己的领域中占据相对强势的地位后，就能通过这种心理学效应潜移默化地影响用户行为。很多用户在淘宝、京东等电商平台购买产品时，会选择销量更高、名气更大的品牌，就是出于这种心理。当许多人称赞一款产品时，其他用户也会觉得这款产品是优质的；当有人有理有据地陈述产品的问题时，一些用户的购物热情就会下降。

用户购买的不仅是产品，还包括服务态度、生活方式、情感等，他们并不总是理性的产品功能追求者,有时也需要情感上的认同,这种情感认同随着社会经济的发展和用户工作、生活压力的增大而更加迫切。因此,学会利用用户的"情感痛点"去影响用户的选择,能有效促使忠实用户群的形成。

品牌IP商业化能通过提升品牌的知名度和影响力轻易地唤醒用户的人格认同感,在用户眼中,IP商业化就是品牌实力的表现,实力强大的品牌的产品质量更有保证。这种认同感会影响用户的购物决策,为品牌带来巨大的流量。这也是品牌IP商业化的核心价值所在。

品牌知名度和影响力是企业的无形资产,能产生巨大的品牌价值。一个有影响力的品牌可以使企业拥有更大的市场和更多的利润,对企业的长远发展有着不可估量的作用。

6.2.3 收入模式:多频化+多元化

企业收入多频化的核心理念是增强用户黏性,即让用户购买产品成为企业与用户建立关系的开始。之后,企业可以创建粉丝群,围绕用户需求升级产品、开发新产品和服务。

用户购买产品的最终目的不是获得产品本身,而是使自己的需求得到满足、问题得到解决。从这个角度出发,企业可以找到许多收入多频化的方式。

(1)会员制。美国的一些小众电商平台是利用会员制来增强用户黏性,提高复购率。我国的一些企业也应用了会员制。会员制的核心是企业和会员建立双边关系,企业给会员提供更好的服务,会员反馈给企业更忠诚的消费行为。

(2)产品+耗材。19世纪末,吉列开创了"产品+耗材"的收入模式。这个模式的精髓在于:通过廉价剃须刀获取用户,销售高毛利的刀片持续盈利。

（3）产品＋配件。从表面上看，"产品＋配件"和"产品＋耗材"的模式相似，但配件模式更有难度。耗材模式是先用产品锁定用户，用户必须购买耗材。而配件模式是通过个性化方案，满足用户更多需求。一般来说，消费频率高的产品，大多选择耗材模式；而消费频率较低的产品，大多选择配件模式。

（4）产品＋服务。服务可以分为两种：一种是设备服务，如检修、保养等；另一种是数字化时代的信息服务，如监测、控制、自动化等。企业要想摆脱红海竞争，就必须转变思维方式，从产品模式转化为"产品＋服务"的混合模式。

我们可以将收入多元化理解为"多找几只羊来薅羊毛"或者"让羊毛出在猪身上"。

（1）"混搭"模式。"混搭"是指将不同行业的产品根据消费者的使用场景融合在一起，从而提升销量。这种模式的关键在于跳出固有的行业观念和惯性思维，真正以用户为中心思考问题。只有这样，才能解锁混搭的各种可能性。

（2）引入第三方。对于企业而言，用户流量有巨大价值。如果企业想要增加收入，就需要引入愿意为企业的用户流量付费的第三方。第三方的引入会改变企业的盈利结构，企业的收入不再只来源于用户，成本也不再只由自己负担，而是既有来自用户的订单，也有来自第三方的订单，第三方分摊了一部分成本。

（3）双层架构。双层架构与"产品＋配件""产品＋服务"模式大体相似，但双层架构是以平台为载体。简单地说，双层架构就是建立基础平台和上层平台，分别提供不同的产品和服务，以精准吸引不同需求的用户群体。

设置双层架构，企业要牺牲基础平台的一定利润，以吸引更多用户，为上层平台的盈利奠定基础。另外，企业要明确基础平台和上层架构的侧重点：基础平台以价格取胜，因此尽量选择在基础平台上销售高频的产品和服务；上层平台必须与基础平台存在强关联的应用场景，否则用户很难转化，上层平台的产品要有高性价比，不能一味追求暴利。

6.3 实现商业模式转型的关键点

目前，企业正处于商业模式转型的浪潮中，这是企业不可错失的机会。企业应该根据自身特点，采取相应的方法对商业模式进行改造。

6.3.1 关注品牌定位

据统计，一个人一天会接触到5000个以上的品牌。这个数字可能让很多人感到不可思议，实际上，我们接触的品牌中有98%都没有引起我们的注意，通常会被我们忽视。要想让自己的品牌吸引消费者的眼球，企业在数字化转型中应关注品牌定位。

企业打造品牌的第一步，就是找准品牌定位。品牌定位的核心是凸显品牌和商品的不同价值。然而对于大多数企业而言，高额广告费、营销费是一道不可逾越的鸿沟，因此，比定位更重要的是如何"少花钱出名"。在进行品牌定位前，企业需要了解以下因素。

1. 触点

品牌想要延长传播周期、扩大传播范围，就要打造有利的触点。触点可以有效吸引潜在用户的注意力，通过富有创意的营销活动向用户传递品牌的态度及价值观。品牌的产品、名称、符号、代表颜色、广告语、代言人等都可以成为触点。

2.联系

品牌和消费者之间需要存在某种联系，能够让消费者和品牌初次"见面"时，就对品牌产生认同感。

3."爱上"

消费者和品牌从"陌生"到"认识"，再到"交往""爱上"，消费者会对品牌产生情感认同。只有消费者认同品牌，才会"爱上"品牌。

总之，"少花钱出名"需要品牌穷尽所有的资源，寻找能够让品牌快速传播的方法。以上这些内容是企业在确定品牌定位前应该考虑的，将以上内容考虑清楚后，品牌定位才更加精准。品牌定位的原则有4个，分别是打造品牌识别度、瞄向目标消费者、传播品牌形象和创造品牌差异化优势。

1.打造品牌识别度

品牌定位不能脱离品牌在消费者心中的辨识度。只有定位足够清晰，能够使品牌从市场上众多同质化品牌中脱颖而出，品牌定位才有价值和意义。

打造品牌识别度的目的是让消费者能够识别品牌的核心价值，让消费者将品牌与其他品牌区分开。例如，网易严选的定位是精选生活家居品牌，即为消费者精心挑选出高品质、低价格的家居用品，在消费者心中具有很高的识别度。

2.瞄向目标消费者

品牌定位应当切中特定的消费对象，即品牌定位要瞄准目标消费者。

例如，盒马鲜生的现场烹饪海鲜服务就是瞄向喜爱吃海鲜却不会做的年轻中产阶级消费者。

3.传播品牌形象

品牌定位在很大程度上决定着企业向消费者传递的内容。在打造品牌定位的过程中，企业应不断树立、修正、强化品牌形象。例如，太平鸟服装原本的定位是"让每个人享受时尚的乐趣"，随着太平鸟服装实现新零售转型，其定位就变成"快时尚虚拟发展"。在对定位进行修正和传播的过程中，太平鸟的品牌形象也得到不断强化。

4.创造品牌差异化优势

在进行品牌定位时，对竞争对手的分析与评估是不可或缺的，品牌的竞争对手在很大程度上影响了品牌定位。只有在与竞争对手的博弈中拥有差异化优势，品牌定位才能在消费者的心中留下印象，才有可能引发下一步的购买行为。例如，加多宝的宣传语"正宗好凉茶"，是对品牌差异化优势的强化。

品牌是企业的生命。随着数字化转型的深入，重塑品牌对于企业来说既是挑战也是机遇。企业将自身优势与技术结合，可以使品牌具有数字化形象和强劲生命力，能够对竞争对手的威胁、新的市场发展机会快速做出反应。

6.3.2 创新产品路径

随着消费水平的提升，用户对产品的需求也从物理层面转向情感层面，实现产品路径的创新成为企业发展的大趋势。企业需要根据用户的实际需求设计产品功能，同时持续孵化产品新形态，优化产品布局，全方位

第6章 数字化赋能商业模式

提升产品的竞争力,进一步推动企业可持续发展。

产品布局是企业创新产品的前提。在对产品布局进行优化后,企业就可以更好地满足用户需求,更有针对性地实施运营策略,从而形成产业生态圈,利用最小的成本挖掘最大的用户价值。

波士顿矩阵又称四象限分析法,由著名管理学家布鲁斯·亨德森提出。它将销售增长率和市场占有率看作决定产品结构的重要因素,并以此为基础判断产品的类型及发展前景,如图6-2所示。

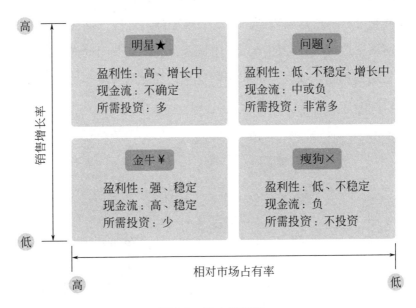

图6-2 波士顿矩阵

波士顿矩阵的4个象限分别对应4种产品,即明星产品、金牛产品、问题产品和瘦狗产品。其中,明星产品的销售增长率和市场占有率较高,值得企业重点关注,但其所需投资多,企业要努力推动其发展为金牛产品;问题产品有一定的销售增长,但市场占有率低,企业需要重新规划这些产品的销售策略;金牛产品是企业主要的盈利来源;对于瘦狗产品,企业需要战略性放弃。

A企业主要经营奶糖、咖啡糖、话梅糖、水果糖4种产品，各种产品的销售增长率和相对市场占有率如表6-1所示。

表6-1　A企业产品的销售增长率和相对市场占有率情况

产品	销售增长率	相对市场占有率
奶糖	较高	较高
咖啡糖	较低	较低
话梅糖	较高	较低
水果糖	较低	较高

该企业可以利用这些数据搭建波士顿矩阵，这些产品在矩阵中的位置可以帮助该企业检验目前的产品布局是否合理，以及明确如何对这些产品进行中长期的规划，实现产品布局的优化。该企业4种产品的波士顿矩阵如图6-3所示。

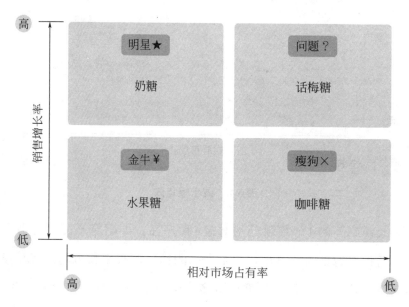

图6-3　A企业4种产品的波士顿矩阵

成功搭建波士顿矩阵后，企业就可以有针对性地进行产品规划，提升资金使用效率，创造更大的盈利空间。企业最理想的经营状态是没有瘦狗产品，金牛产品和明星产品占绝对份额，同时存在大量的问题产品为企业的后续发展做准备。

因此，对于咖啡糖，A企业应该进行全面的财务分析，确定亏损无法避免后将其淘汰。对于话梅糖，A企业应该思考如何提高其市场占有率，使其转变为明星产品。对于奶糖，A企业应该在保持竞争优势的前提下减少投入，使其转变为金牛产品。A企业的问题产品只有话梅糖，这不利于企业的长期发展，A企业还应该尽快研发新产品，提升产品的迭代速度。

波士顿矩阵可以帮助企业管理者以前瞻性的眼光看待产品，增强他们的决策能力，使他们能够及时对产品布局进行调整波士顿矩阵对产品营销策略的制定具有较强的指导作用，但值得注意的是，在实际操作中，产品的销售情况并不是完全由销售增长率和相对市场占有率体现的。因此，企业应该将波士顿矩阵与其他分析法相结合，从而实现产品布局的最优化。

6.3.3 进一步提升服务体验

除了关注品牌定位、创新产品路径外，企业还要重视服务体验。企业可以构建智能化服务体系，为用户提供极致的服务体验，从而有效提升用户的转化率与活跃度，获得更多盈利。

传统的售后服务方式通常需要耗费大量的人工成本，不仅耗时耗力，还十分容易出现问题，如果人员需要在短时间内接待大量用户，极有可能无法为每位用户提供优质的服务，从而引起用户的不满。在这种情况下，构建智能化服务体系显得格外重要。

1.整合零散信息

只有了解用户，才能为用户提供更好的服务。企业应该将全部用户的信息统一记录在服务系统中，使服务人员可以随时随地调取产品及用户的相关信息。同时，企业还要在系统中添加大量的解决方案，帮助服务人员快速了解产品的参数、故障原因、维修进度等数据，进一步提升服务质量和效率。

2.合理分配工作

智能化服务系统应该以服务流程为基础，将用户需求、仓库分布、备件库存等信息进行整合，从而形成业务协同，为用户制定最佳的服务方案。同时，服务系统还会根据用户需求为其匹配最合适的服务人员，根据用户的位置、预约时间、所需配件等信息为服务人员规划最优的服务路径。

3.深入分析数据

在服务过程中，服务人员需要将采集的用户数据留存下来，并使用智能算法对这些数据进行全面、透彻地分析，生成可视化分析报告。这样不仅可以为后续的团队管理及战略决策提供有力支撑，还可以进一步完善服务方案，提升用户满意度及复购率。

4.服务过程透明

用户满意度是评判服务人员服务质量最有效的指标。在服务完成后，服务人员应该及时将服务报告上传至系统中，以便管理人员进行实时监测。同时，企业还可以为用户发放调查问卷，进一步了解服务人员的服务态度及专业程度。

市场竞争日益激烈，获取用户的成本也随之提高，企业对用户黏性、产品复购率等因素越来越重视。智能化服务系统可以帮助企业节省管理成本，提高运营效率，提升服务质量，进一步唤醒用户的品牌认知和复购意识。

第 7 章 数字化赋能组织管理

企业数字化转型离不开数字化人才的帮助。对此,企业要及时进行组织变革,将数字化人才培养作为常态化工作,不断更新业务形态,完善相关规章制度,建设数字化工作环境,为数字化人才创造更好的发展条件。

7.1 数字化时代的组织变革

在现代化管理中,组织架构会对企业发展效率和发展方向产生影响。数字化转型能够推动组织变革,帮助企业精简工作流程,降低运营成本。

7.1.1 数字化转型推动组织变革

科层制组织架构盛行于20世纪五六十年代,如今,仍有一些企业使用科层制。传统的科层制是一种依照员工能力和职位划分权力的制度,发号施令的权力掌握在管理者手中,而最了解用户需求的员工拥有的权力反而最小，通常只能在终端负责执行，如图7-1所示。在这样的科层制下，企业根本无法做到以用户为中心，本质还是以权力为中心。

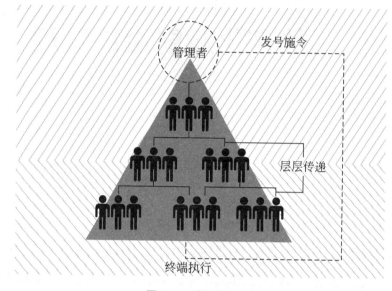

图7-1　科层制组织

在科层制组织中，一线业务人员没有决策权，任何决策方案都要层层审批，而每一次信息传递都会导致一定程度的数据丢失，最上层的决策者只能掌握最少的数据，却需要做最重要的决策，因此企业的决策风险非常高。

为了让产品快速响应市场，以产品为中心的平台型组织得到了发展。每款产品都有独立的开发、运维、人力、培训等团队，通过构建服务平台，满足用户的共性需求。

为了提高产品对市场的响应速度，A企业对组织架构进行了调整。之前，A企业的组织架构以区域市场为维度，按照国家、地区、城市划分，每个区域都有各自的业绩目标。这些目标是由上百款产品共同实现的，各个区域的策略不同，资源配置的方式也不同，一些还有发展潜力的产品可能会因此被忽略。A企业以品牌和品类为中心，制定了与品牌和品类相关的策略和目标，寻求在全球市场上的成功，而不是在某个区域市场上获得成功。

平台型组织还需要更敏捷地响应前端的用户需求，例如，为了参加"双11"促销活动，某企业集中力量满足一时的市场需求，但是活动过后，整个供应链会闲置，产生巨大的成本。如果是开放型组织，企业就可以通过整合社会资源来满足临时的高需求，等活动结束后，再让资源回归社会，从而节约成本。

为了适应组织的开放性需求，生态型组织兴起。生态型组织是一种开放式的组织形式，每个人都是生态体系中的一员，都在为这个生态的发展贡献自己的力量。

从传统组织到平台型组织，再到生态型组织，企业的组织架构会越来越轻巧、敏捷，权力的作用逐渐弱化，产品、用户、需求成为中心。

7.1.2　通过内部创业应对组织变革

如今，很多企业通过内部创业的方式盘活企业资源，助力组织转型，从重资产模式向轻资产模式转变。很多人将内部创业理解为员工挖掘项目，企业提供资源、渠道。然而，内部创业并不局限于这样的小格局中，事实上，内部创业有3层格局，如图7-2所示。

图7-2　内部创业的3层格局

1.小成本试错

京东曾设立了一个众创学院，将其作为内部创业孵化器。京东认为，现在的世界充满了不确定性，3个月之前对市场情况的判断，3个月后可能就发生变化了。因此，企业的发展步伐不需要那么大，而是要小步快跑。很多企业推行内部创业，主要目的是小成本试错，试探自己的设想能否落地。例如，很多互联网企业投资区块链项目，主要目的不是盈利，而是给未来的业务开展做一些准备，试探想法的可行性。

2.刺激组织活性

Supercell Oy（超级细胞）是全球增长速度非常快的移动游戏企业，雷军、马化腾都曾拜访过这家企业。这家企业只有300多个员工，但2021年的营收达22.4亿美元。在该企业内部，5个人就可以组成一个项目团队，各个团队独立运作，能快速试错和调整。而企业仅需要为各个团队提供资金、流量等资源，完全不用费心管理。

这样的内部创业，主要是为了刺激组织活性，将员工个人潜力充分激发出来。1个高质量的人才，拿2倍工资，完成3个人的工作量。对于企业来说，员工的工作效率提高了，成本降低了；对于员工个人来说，人际关系简单化，薪水提高了。因此，这样的企业会产出更多的优质成果。

3.建立持久的创新生态

在美国，企业内部创业是和大学、投资机构合作，构建内外协同的创业生态。以麻省理工学院为例，它的校舍在能源企业、IT和数据企业、生物制药企业、风险投资机构中间。如果企业中某位员工有创业想法，企业可能会派他去大学了解这个领域的前沿动态。企业的利益诉求、员工个人的创业想法、市场的需求结合在一起，指引麻省理工学院的研究方向。

真正优秀的内部创业，并不是企业独自"闭关"研究，而是主动融入一个创新生态。例如，1998年，华为的年收入只有五六十亿元，但华为敢于拿出10亿元筹建华为大学，培训人才。在流程管理上，华为与IBM（International Business Machines Corporation，国际商业机器公司）合作，仅咨询费就投入了20亿元。通过改进流程，华为建立了研发、供应链、人力资源等诸多体系。

创业是做未来的生意，但其背后一定要有成熟的体系作为支撑。企业要记住，一切都是精心规划的结果，几乎没有"天上掉馅饼"的好事。即使未来的市场不确定性很高，有一套优秀的组织架构背书，企业也不会发展得太差。

7.1.3 培养敏捷、高响应力组织

未来的组织形态可能没有定性，但一定具备一致、自主的特征。组织和个体需要在一致性和自主性中找到平衡。一致性与自主性高度相关，却属于两个不同的维度。

（1）低一致性、低自主性：管理者下指令，团队执行。

（2）高一致性、低自主性：管理者告诉团队要做什么，以及怎么做。

（3）低一致性、高自主性：团队各行其是，管理者没有实权。

（4）高一致性、高自主性：管理者提出需要解决的问题，团队寻找解决方案。

企业中的所有员工为了一致性的目标完成具有创造性、挑战性的任务，这就是未来的组织形态。企业需要培养敏捷、有较强响应能力的组织。

企业可以利用价值驱动决策，提升组织的响应能力。价值驱动决策的本质是根据产品及业务的价值确定企业接下来的发展方向。

价值驱动决策致力于实现投资、管理的价值最大化，它会为企业的战略目标匹配最契合的执行方针，显著增强企业的市场响应能力。企业可以通过以下步骤实现价值驱动决策。

第一步，规划发展战略。

企业的所有部门需要对业务管理机制达成共识，并从组织架构的层面

出发，对企业的商业愿景、目标、行动方案等进行规划。这需要企业以用户为中心，并及时根据市场运营的价值反馈对发展战略进行调整。

第二步，建立可视化的待办事项列表。

在确定发展战略后，企业需要将其中的愿景、目标进行可视化处理，并且对每个行动方案进行深度分析，建立可视化的待办事项列表。

第三步，建立评审与决策机制，对待办事项列表进行审核与调整。

评审与决策机制需要由项目负责人、业务人员、市场运营人员共同决定。同时，他们还需要整理项目的用户反馈、运营数据等资料，并对是否调整项目战略、各个决策专题的优先级等问题进行深度推演。

第四步，选用最佳的项目实施方案。

通常情况下，策划团队会提出多个实施方案，企业需要根据评审结果对这些方案进行拆解，将优先级最高的专题规划到即将实施的方案中，形成几个不断迭代升级的滚动式方案，并将最佳的实施方案交付给研发团队，以便研发团队开展后续的研发工作。

价值驱动决策是高响应力的敏捷组织的最佳培养方式。价值驱动决策会促使企业根据商业愿景制定最适宜的项目战略，同时还会促使企业根据市场反馈持续对项目战略进行调整。

7.2 控制型文化VS赋能型文化

谷歌创始人拉里·佩奇曾经说过："未来组织最重要的不是管理与激励，而是赋能。"企业需要简化刻板的规章制度，从控制型文化向赋能型文化转变。

7.2.1 雇用新模式：建立人才联盟

随着市场经济体制的确立，"终身雇佣制"受到了一定的影响，"自由雇用制"出现。"自由雇佣"是指员工有选择雇主的自由，雇主也可以自由解聘员工。

"自由雇佣制"的出现催生了大量的招聘公司。人才开始在各大企业间流动，很少有人在一家企业工作一辈子，企业也不再保证给员工提供一个长期稳定的职位。

时代在变化，人才雇用的方式也在变化。在当今的网络时代，"终身雇佣制"太过死板，不适合现在的宏观环境。"自由雇佣制"优化了人力资源配置，但也导致员工忠诚度下降，很多员工一有机会就想跳槽，很多企业不愿意培养新人，人才容易流失。

那么有什么办法可以在"自由雇佣制"的基础上，让员工和企业建立信任呢？人才联盟是一个很好的解决办法。

领英（LinkedIn）创始人里德·霍夫曼提出了一个新的人才策略：雇主与员工建立互惠关系联盟。这种互惠关系需要企业与员工把心理契约书面化。企业需告诉员工："只要你让企业更有价值，企业就让你更有价值。"员工需要告诉企业："如果企业帮我壮大事业，我就帮企业壮大事业。"这样一来，员工专注于帮助企业取得成功，而企业注重提高员工价值。员工和企业都努力维持这段关系，二者之间的关系越来越牢靠。

例如，某企业为了培养一个新员工付出了很多成本，但这个员工在参加培训几个月后就离职了，这对于企业来说是一种损失。如果企业因此削减培训预算，那么对员工的培训就不够深入，无法达到预期效果，员工无法推动企业发展。最理想的方式就是企业和员工各自表明自己的预期，员工表明自己想要掌握的技能和对企业的承诺，企业向员工表明自己的培训成本和期望回报。

在我国，这种人才联盟需要做一些本土化的调整。虽然企业不是家庭，无须刻意营造一种温暖的家庭氛围，但成员之间相互关心是有必要的，它能增强员工对企业的归属感。另外，那些已经离开企业的员工，企业依然可以和他们像朋友一样保持联系，扩大人力资源网络，为企业储备社会资本。

在如今这个数字化时代，"终身雇佣制"已经成为过去式。企业不用负担员工的一辈子，员工也不用对企业绝对忠诚。但企业和员工依然需要在合约期限内对彼此保持忠诚，因为没有忠诚，双方就无法建立友好的合作关系。人才联盟能让企业和员工达成心理契约，让双方注重中长期收益，从而保持稳定的合作关系，实现真正的双赢。

7.2.2 组织新能力：业务部门与技术部门实现协作

如今，科技与经济高速发展，市场上的产品种类十分丰富，用户拥有很大的选择空间。在这种环境下，企业要想生存，就必须形成自己的竞争优势。企业要想从市场竞争中脱颖而出，就必须从实际情况出发，建立业务部门与技术部门之间的连接，拓展企业文化边界，打造一个开放、协作的环境，获得发展的动力和保障。

随着企业在经济、文化等领域的深入发展，员工接触到的信息更加丰富，他们的思维模式也发生了转变，能够在企业经营、产品开发、战略部署等方面为企业提供更深层次的建议。建立业务部门与技术部门之间的连接，形成开放、协作的工作环境，俨然成为新时代企业发展的主旋律。

以阳光保险集团为例，业务部门与技术部门的连接拓展了发展边界，形成了开放、协作的格局，推动其从一家注册资本为100万元的小企业发展为进入"2020年中国最具价值品牌100强"榜单的知名企业。近年来，为了提高市场占有率，更好地满足用户需求，阳光保险集团加强了业务部门与技术部门之间的合作，积极实施拓展发展边界的战略，实现了用户洞察、产品创新、风险管控、营销运营等多个环节的数字化管理，取得了很大的成就。

在实现了业务部门与技术部门的连接后，阳光保险集团的机动性得到了显著增强，可以更好地借鉴先进企业的优势弥补自身的劣势，提高了应对风险的能力和市场竞争力。

如今，经济全球化的步伐逐渐加快，业务部门与技术部门的连接可以帮助企业从实际情况出发，找准产品定位，提升部门间的协作能力，基于此，企业可以进行超前的思考和谋划，预测市场发展趋势，找准突破点，抢占先机。

开放、协作是经济全球化的一大趋势。企业要紧跟时代步伐，加强业务部门与技术部门之间的协作，提升组织凝聚力。

7.2.3 开放、自由的新型文化是如何形成的

建设开放、自由的企业文化，是企业留住人才、由内而外转型的利器。

企业文化作为一种管理需求被提出，源于全球经济一体化的发展要求。20世纪70年代，一些欧美管理学家开始研究企业管理之道，他们发现一些企业更注重员工对企业的忠诚度，喜欢在企业内部塑造一种将价值理念与心理因素整合的文化。在此基础上，20世纪80年代初，阿索斯和沃特曼等学者掀起了企业文化研究的热潮。

成功的企业文化，都具有社会性。例如，在IBM、惠普、沃尔玛等美国企业中，实现员工价值是企业价值观的核心内容。

在经济全球化的背景下，文化多元化已成为一种趋势，但民族文化依然是企业文化的"摇篮"。例如，我国传统文化中仁爱、以人为本、自强不息、爱国等理念在一些企业的文化中均有体现。在开放、自由的数字化

时代，企业不仅要吸纳优秀的外国文化为我所用，还要继承和发扬我国优秀的传统文化，将我国优秀的文化与先进的现代管理思想相结合，提升企业的竞争力。

企业文化能够对员工起到凝聚、约束、激励和辐射的作用，创建企业文化的最终目标是使其长期服务于企业经营。因此，企业必须围绕发展目标建设企业文化。数字化转型成为各行各业的发展趋势，是企业文化建设的重要依据，打造开放、自由的企业文化势在必行。

企业文化不能脱离大环境而存在，特别是在当今互联网快速发展，经济环境开放、自由的背景下，文化多元化已经成为新的发展趋势。企业需要思考外部环境的变化对企业文化的影响，将企业原本的优秀文化与未来发展战略相结合，制定出顺应数字化转型趋势的文化，从而提高竞争力。

7.3 构建数字化办公空间

新生代员工对工作的价值和意义有着极致的追求。如果企业能够让他们获得与线上购物、社交聊天相似的消费级办公体验，他们的工作效率会显著提升，形成轻松、和谐的办公氛围。为了更好推进数字化转型，企业必须尽快构建数字化办公空间。

7.3.1 转型工具：ICT基础设施

ICT（Information and Communications Technology，信息与通信技术）基础设施具备信息高度共享、宽带无处不在、业务敏捷灵动3个基本特征。这种敏捷的ICT基础设施可以为企业打造创新高效、融合开放、易于管理的"信息高速公路"。

对于企业而言,数字化转型的关键在于,如何利用数字化工具,让运营效率更高,运营成本更低,成长速度更快。因此,企业需要效率高、门槛低、云端化的数字化基础设施,以提高生产力,降低运营成本。以微软Office 365为代表的ICT基础设施,为企业数字化转型提供了支持。

员工出差时,需要通过移动设备协同办公,Office 365整合了Mac、Windows、iOS、Android等多个系统,形成了一个统一的协同工作平台。在举行会议时,Office 365可以对屏幕上的图片进行快速转存,并直接提取图片中的文字,极大地提升了会议效率。

Office 365还拥有完善的云平台服务,可以为员工提供企业级电子邮件、在线会议等多种线上服务,帮助企业优化现有的审批流程,快速形成数字化工作模式,提升员工的协同工作能力。这意味着员工可以在任意的时间、地点,使用任意设备开展工作,全面提升办公效率。

Office 365还能解决办公安全问题。例如,在办公的过程中,员工可以将文件直接传输到Office 365自带的云空间中,这样当那些存储在本地的文件出现异常时,员工可以借助云端备份进行恢复。

企业可以根据自身需求订阅Office 365的云服务,并随时对授权数量进行变更。所有维护工作都由Office 365的服务团队负责,这将大幅降低企业进行业务维护的技术难度,节省前期投入的成本与后期的运营成本。

ICT基础设施的建设是一个庞大的工程,企业应该将打造敏捷的ICT基础设施作为提升办公效率的主要手段,从而全面增加盈利增长点。

7.3.2 沟通与协作工具提高效率

随着互联网思维渗透各个行业,数据由信息资源转变为生产要素,成为支撑企业发展的重要基础。企业应该顺应数字经济发展趋势,引进现代化的沟通与协作工具，推动企业内部的数字化进程。那么，有哪些现代化的沟通与协作工具可供企业使用呢？

1. 故事墙

故事墙通常分为计划、开发、测试、完成4个部分，适合产品研发部门使用。产品的每项需求以卡片形式进行展示，卡片的位置越高，代表该需求的优先级越高。通过对产品的需求进行梳理，整个项目的研发进度一目了然。

需求卡片通常分为3种，并使用不同颜色进行区分。互联网企业通常用黄色表示功能需求，用蓝色表示技术需求，用红色表示产品bug（指软件中的缺陷）。需求卡片需要包括需求内容、执行者和预计完成时间等内容，如图7-3所示。

图7-3 需求卡片示意图

除了开发进度这种一目了然的信息外，企业也可以通过故事墙了解一些隐性信息。例如，如果计划区的卡片较少，则说明产品需求和更新速度出现问题，需要由产品研发部门进行补充；当某项需求长期未被解决，则说明出现技术瓶颈，需要与相关部门进行沟通，明确需要加大资源投入还是暂时放弃该需求。

2. 数据墙

数据墙适合产品运营部门使用，可以将反映产品运营状态的参数展示出来，如日新增、日活跃等。产品运营部门也可以根据产品类型或产品所处阶段决定参数类型。

数据墙以参数、日期为核心维度，企业可以绘制折线图表明数据的变化趋势，并绘制出目标量，以便于了解目标完成情况。数据墙可以培养员工关注产品数据的习惯，提高员工的数据分析能力。

在运营过程中，企业要将新发现的关键参数在数据墙上展示出来，并补充改版前后这些数据的表现，这样可以帮助企业更好地了解产品升级的突破点。

3.邮件

邮件通常不会对接收方造成过强的干扰，可以及时传达信息，非常适合用来共享那些大量或需要引起重视的信息，如会议的资料及总结。但邮件的提醒性较弱，因此在发送邮件后，发送人还需要通过即时通信工具提醒对方查阅。

企业可以给同种类型的邮件设置统一的主题、格式。这样员工就可以快速地将邮件归类，从而加快处理速度。

4.共享文件夹

共享文件夹适合存放那些占很大存储空间，或者不方便在线上修改的文件。这类文件不常用，但在需要时又很难迅速传输，因此可以在共享文件夹中进行存档，方便随时取用。值得注意的是，员工只能在局域网范围内访问共享文件夹。

在实际使用中，企业可以综合运用这些协作工具，降低数据共享的时间及成本，从而推动企业内部的数字化转型进程，全面提升企业的市场竞争力。

7.3.3 现代化设备：智能终端

智能终端的快速发展增强了办公空间的移动性。如今，企业可以通过云会议、视频直播、工作群组等方式，把线下工作转变成可以随时开展的线上工作，大幅提升了团队沟通与协作效率，使员工的工作方式发生巨大变革。下面以招聘面试为例，对此进行详细说明。

传统的面试方法存在多种弊端，例如，场所的限制使HR难以对候选人的实力进行准确评估。智能终端的发展弥补了这些缺陷，促进了新型面试方法的诞生，如图7-4所示。

图7-4　两种新型的面试方法

1. 虚拟面试

近年来，虚拟现实技术发展迅速。劳埃德银行曾经启动了运用虚拟现实技术进行候选人测试的计划。HR通过相关设备对候选人发布任务，然后对其表现进行监测，从而判断候选人的工作能力，决定是否录用。这种方法为企业考察候选人提供了更多的可能性，使HR对候选人的评估更加全面、具体，同时帮助企业树立一个紧跟时代潮流的形象。

2. 视频面试

视频面试可以打破传统面试在时间与空间方面的限制，使招聘过程更加高效。近年来，使用视频面试的方法开展招聘工作的企业越来越多，包括高盛、毕马威、欧莱雅、安永在内的许多知名企业，都使用HireVue或

Sonru 进行视频面试，对候选人进行首轮筛选。

当拥有大批候选人时，视频面试的方法显然更高效。这种方法将 HR 的工作场所转移到线上，同时扩大了人才甄选范围，可以有效促进企业人才库的建立。

社会在发展，员工的办公空间也不再局限于特定区域。很多企业推行"云办公"，这极大地推动了办公空间的变革。新时代的企业不应该墨守成规，而要积极创新，迎合发展潮流，在智能终端的帮助下打造灵活、多元化的办公环境。

7.4 管理者要适应数字化转型

随着数字化转型的推进，企业中精通技术的人才越来越多。这些人才对企业的期望不仅是更大的工作灵活性、更高的薪酬和更好的工作环境，还有尊重他们想法和价值观的领导。这意味着管理者需要转变自己行使权力、管理员工的方式，明确企业的愿景、使命、价值观。

7.4.1 管理者必须明确愿景、使命、价值观

愿景是企业的理想抱负，是企业发展的方向；使命是企业的责任，是通往愿景的路径；价值观是基于共同的愿景和使命，对未来发展所持的观念。在企业数字化转型的过程中，管理者必须明确企业的愿景、使命、价值观，绘制数字化转型蓝图，促进数字化转型战略顺利实施。

1. 明确数字化转型的愿景

愿景是企业未来的目标，为企业指引前进的方向。缺乏数字化转型愿

景，会导致企业的数字化转型方向不明确，无法预测数字化转型成效。对此，管理者可以从两个方面着手，明确数字化转型的愿景。

第一，站在未来看现在。当今世界，新一代技术成为企业发展的驱动力，企业生产方式、管理方式都在发生根本性变革。可以预见，在未来的10~20年，技术将彻底改变企业的生存环境和运营体系。因此，管理者应着眼于未来的企业形态，确定数字化转型愿景。

第二，立足现在看未来。数字化转型是一个长期的过程，管理者应仔细评估企业发展状况，立足企业资源优势，结合行业发展趋势及整个行业的数字化进程，确立数字化转型的愿景，绘制未来蓝图。

2.确立数字化转型的使命

使命是企业在较长时间内需要达到的目标。确立数字化转型的使命可以使企业各个部门有时间紧迫感，促使各个部门承担责任，尽快完成任务。

管理者可以从内部、外部两个视角确立数字化转型的使命。

第一，内部视角。企业内部数字化转型的使命是用数字化技术解决内部问题，形成具有自身特色的数字化管理模式，用数据驱动决策，用数据驱动业务增长。

第二，外部视角。管理者应认真分析用户、供应商、服务商在企业的数字化转型中扮演的角色，明确其数字化需求，从而建立数据互通、开放共享、灵活交互的数字化生态。

3.树立数字化转型的价值观

价值观是企业数字化转型的思维方式和行动指南。拥有正确的价值观，企业才会有正确的数字化转型思路。如果企业不能树立正确的数字化转型价值观，则很可能在道德层面犯错误，造成不可挽回的损失。

树立正确的数字化转型价值观,管理者可以从以下几个方面入手。

第一,技术向善。随着互联网、大数据、AI等技术的广泛应用,技术对用户的影响越来越大。企业应该有强烈的责任感,将技术向善作为数字化转型的价值观。

第二,以用户为中心。用户是企业生存发展的基础,也是企业数字化转型的出发点和落脚点。以用户为中心的价值观,要求企业注重用户体验、需求,并以此指导企业的数字化转型工作。

第三,肩负社会责任。企业是社会的一部分,在数字经济时代,企业与社会、用户、公共服务之间的边界被打破,企业成为社会活动的重要主体。因此,企业在享受数字经济时代带来的红利的同时,还要肩负社会责任。

7.4.2 "创新DNA":管理者必备能力

想要实现从管理者到企业家的转变,除了要站得高、看得远,明确企业的使命、愿景、价值观外,管理者还要拥有创新精神。

管理学大师彼得·德鲁克说过:"企业家就是一群善于创新的人,创业精神本质上等同于创新精神。"对于面临数字化转型的管理者而言,创新精神尤为重要。研究表明,一个具有创新精神的管理者具有五大技能,即质疑、观察、试验、建立人脉和联想。这些技能综合起来构成"创新DNA"。

"质疑"意味着管理者可以突破现状,思考新的可能性;"观察"意味着管理者能够探索用户、供应商和其他企业的行为细节,发现新的商业模式;"试验"意味着管理者不断尝试,探索新的世界;"建立人脉"意味着管理者结识不同的人,获得完全不同的视角。这4种能力是管理者展开"联想"的基础,将新想法汇聚在一起,就实现了创新。

1. 质疑能力

质疑能力是提出正确问题的能力，一个好的问题往往会催生许多答案。彼得·德鲁克认为，最重要、最艰难的工作从来不是找到对的答案，而是问出正确的问题。拥有质疑能力，管理者在解决问题时能够打开一个新的思路，发现另一种可能性，这种可能性往往是创新的突破口。

2. 观察能力

具有创新精神的管理者善于从不同角度观察世界，他们会更加细致地审视常见的现象，从而提出不同寻常的商业创意。印度企业家拉坦·塔塔因看到了一家四口挤在一辆摩托车上，产生了"生产全世界最便宜的汽车"的灵感。随后经过多年研发，塔塔集团通过模块化生产的方式生产出了售价仅2500美元的汽车Nano，颠覆了印度的汽车市场。

3. 试验能力

创新能力强的管理者会积极尝试新的想法。正如爱迪生所言："我并没有失败，我只是发现了1万种行不通的方式。"一些管理者把整个世界当成他们的"实验室"，敢于积极试验脑海中浮现的新创意、好想法。

亚马逊创始人贝佐斯认为，试验是创新的重要组成部分，他甚至把试验作为一项公司制度。贝佐斯说："我鼓励我们的员工去钻牛角尖，并且进行试验。如果我们能使流程分散化，就可以进行大量的低成本试验，我们将会得到更多的创新。"

4. 建立人脉的能力

具有创新意识的管理者思想更开放，因此他们乐于结交不同的人，与很多人建立人脉，从而获取资源，提升企业知名度。

5.联想能力

联想能力是把一些看似无关的问题关联起来的能力，是创新型管理者应具备的核心能力。弗朗斯·约翰松曾提出"美第奇效应"，是指文艺复兴时期，意大利的美第奇家族曾将不同领域的人才聚集在一起，如画家、科学家、诗人、哲学家、建筑师等，结果新创意在这些领域的交叉点上不断涌现出来。

RIM（Research in Motion，动态研究）的创始人迈克·拉扎里迪斯曾表示，黑莓手机的灵感来自他于1987年参加的一次会议。当时一位发言者描述了为可口可乐设计的无线数据系统，可以让自动售货机自主发出补货信号。于是迈克·拉扎里迪斯想到了将无线技术和计算机整合起来。

乔布斯也是一个具有强大联想能力的人，例如，iPad就是一个通过联想得到的产品。乔布斯研发了一个大容量的随身听iPod，融入多点触控技术的iPod，就变成了iPod touch；iPod touch增加通信功能，就是iPhone；将iPod touch的屏幕变大，就是iPad。

创新思维并不是与生俱来的，它需要在实践中不断发展和强化。管理者要坚持与别人想得不一样、做得不一样，不断激活、强化"创新DNA"。这样才能提升自己的创新能力，从而找到更有效的创新方法。

第8章 数字化赋能制造

数字化转型对制造业的影响是空前的,颠覆了传统生产模式,推动工业4.0发展。工业4.0是以智能制造为主导的第四次工业革命,可以促使制造业实现智能化,使生产过程数据化,产品个性化。

8.1 制造数字化为智能制造指明方向

智能制造指的是用智能技术解决制造问题,即对产品全生命周期中设计、加工等环节进行智能决策与执行,以实现制造过程、制造系统、制造装备自主决策。

智能制造是在制造数字化的基础上发展起来的,是制造数字化的延伸和升级。制造数字化强调将制造过程中的产品、资源等进行数字化处理,智能制造则强调利用AI等技术对各类数据进行处理,以实现生产过程的智能分析、决策、控制。

8.1.1 制造数字化是如何变革的

制造业在实现数字化的过程中,需要经历4个层面的变革,如图8-1所示。

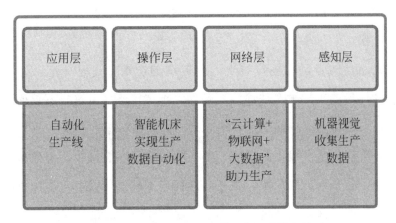

图8-1 制造数字化经历的4个层面的变革

1.应用层:自动化生产线

自动化生产线以连续流水线为基础,工人不需要直接操作,所有设备都按照统一的节奏运转。要建立一条自动化生产线,需要控制器、传感器、机器人、电机等配置。如今,为了迎合制造数字化的发展潮流,也为了提升生产效率和产品质量,各大企业都积极打造自动化生产线。

例如,凯路仕曾全权负责小鸣单车的生产,整个生产过程自动化、智能化。2016年,凯路仕购置了一批自动化焊接机器人,以实现高效生产。在使用焊接机器人辅助原有组装线后,凯路仕每天能生产1万多辆自行车。

凯路仕能实现生产效率提升的主要原因,就是用焊接机器人代替工人。相较于工人,焊接机器人可以在保证质量的同时加快生产速度,而且不需要休息，可以一直工作。在凯路仕企业中，焊接机器人分为两组，一组焊接车架，另一组焊接前叉，全部焊接完毕后进入涂漆和组装等环节。

凯路仕一共有120台焊接机器人，每台焊接机器人每天可以焊接300多个车架，比工人的效率高很多。即使如此，自动化生产线中也不能少了工人，他们需要把组件安装到模具上，供焊接机器人焊接，这项工作比较简单、轻松。

在凯路仕的自动化生产线上，全自动的运输带也是标配。通过运输带，已经焊接的车架被送往涂漆、贴标、组装等环节，这样不仅便于工人操作，还可以将垂直空间全部利用起来，提高自行车的产量。

随着自动化生产线不断升级，工人的数量虽然会减少，但效率不会下降。例如，在华为的工厂中，生产线之间零部件的传送都可以由机器人完成，而且这些机器人全部是华为自主研发设计的，质量有保障。

2. 操作层：智能机床实现生产数据自动化

制造数字化需要实现两种自动化：一是生产线自动化，二是生产数据自动化。企业可以通过采集、分析生产数据，实时监控每台设备的状态和异常情况。另外，通过计算机系统或手机，生产中的一些重要事件可以立即传达给相关负责人，帮助他们实现透明化、实时化管理。

博世是德国的一家制造企业，在其工厂中，每个工件或者放置工件的盒子上都贴着无线射频识别电子标签（以下简称"电子标签"）。电子标签记录了生产数据和产品信息，相关负责人可以随时随地查看工件所处的位置、产品的加工时间等。

借助数字化手段，生产数据可以互联互通，实体世界与虚拟世界可以融合在一起。对于制造业来说，这非常有意义：一方面，生产走向智能化、集约化、柔性化；另一方面，能够提升制造企业的效益，推动行业发展。

3. 网络层:"云计算+物联网+大数据"助力生产

(1) 云计算。早前,数据被存储在硬盘中,人们很难随时随地查看和使用。如今,有了云计算,数据可以存储在云端,人们查看和使用也更加方便、快捷。

传统制造企业有强烈的计算需求,因此,每个工厂都会配备大量的服务器,这些服务器成本高、算力低。借助云计算,工厂可以在世界各地远程调用服务器,不仅比之前更加省时、省力,成本也降低了不少。

(2) 物联网。如果把云计算比喻为大脑,那么物联网就相当于中枢神经,可以将一切连接在一起。物联网有几大技术:传感器、无线射频识别、嵌入式系统等。这些技术不仅可以实现对生产流程的自动定位、跟踪、监控,还有利于数字化车间、智能工厂的打造。

传统制造企业生产产品,只能凭借操作工人的经验判断设备的运行情况,并且只有在设备完全损坏后,才会找专门的人维修或者换新设备。久而久之,会造成非常严重的经济损失,也容易导致意外事件发生。

如今,大量自动化设备的应用,主要得益于物联网的部署,物联网使智能生产、决策成为可能。此外,依托于传感器收集的数据,物联网可以对设备进行预测性维护,从而规避不必要的风险。

(3) 大数据。在技术当道的时代,大数据已经渗透生产过程中,例如,企业会收集大量与用户相关的数据,并在此基础上分析用户的喜好和需求,然后进行产品设计。通过这种方法设计出来的产品更受用户欢迎,既节省成本,又不需要走太多弯路。

4. 感知层:机器视觉收集生产数据

说到制造数字化,就不能不提机器视觉技术。该技术有多种功能,如图像采集、高速相机、视觉处理器等。如今,机器视觉技术已经走向产品化、实用化，在信息化时代发挥着极为重要的作用。

机器视觉会通过相关设备对人类的眼睛进行模拟，从各种各样的图像中提取信息加以分析和理解，可以用于检测、控制等领域。机器视觉可以接收大量的信息，融入此技术的设备相当于拥有了一双3D"眼睛"。借助蓝光投影扫描成像技术，这双3D"眼睛"每秒钟可以拍摄30张图片，而且像素非常高（2900万左右）。根据拍摄的图片，机器视觉可以给零件建立坐标，分辨出哪个零件在上面、哪个零件在下面，大幅提升了生产效率。

机器视觉还具有很多功能，例如，通过定位引导机械手臂准确抓取零件、判断产品有没有质量问题、检测人眼无法检测的高精密度产品等。在生产过程中，机器视觉可以收集很多有效信息。

随着各种新技术的应用成本不断降低，高效的算法、科学合理的方案、强大的硬件都会出现，推动传统制造企业数字化转型，促进智能制造实现。

8.1.2 智能制造"呼唤"规模化敏捷研发

近年来，敏捷研发得到了广泛应用，帮助很多企业研发出更好的产品。越来越多的企业试图进行规模化敏捷研发，最大限度地发挥敏捷研发的作用。敏捷研发主要分为产品规划、产品研发过程管理、产品运维与运营等环节，如图8-2所示。

首先，产品规划环节分为宏观的战略规划和拆分后的季度滚动价值规划。在宏观上，企业首先要明确产品要达到的战略目标是什么、计划推出怎样的产品组合、走怎样的产品路线、如何调动手中的资源进行战略布局等问题。而落实到每个阶段的实际操作中，企业需要针对产品进行具体规划，构建完整的技术平台，推出公开、透明的协同计划，以求团队之间可以配合好。在产品发布之前，企业还要制订发布计划，确保新产品的上市

第8章 数字化赋能制造

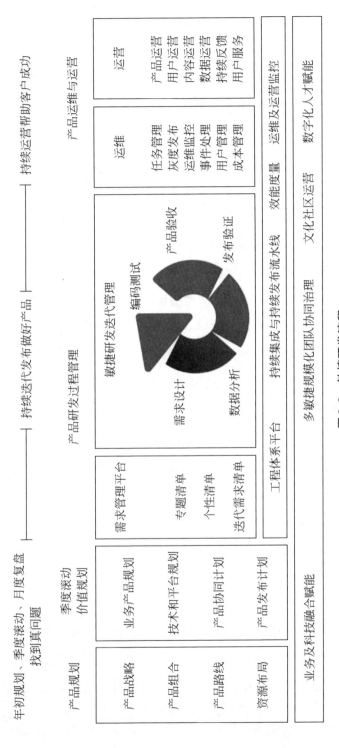

图8-2 敏捷研发流程

万无一失。

其次，在产品研发过程中，企业要明确用户需求的优先级，规划需求专题清单、个性清单以及迭代需求清单。产品的初始版本不必完美无缺，因为后续还要进行一系列的迭代优化。企业应从用户需求出发，在产品发布之后收集反馈数据，进行产品优化，确保产品稳定运行。敏捷研发迭代管理是一个周而复始的过程。

最后，产品上线之后，企业需要进行运维和运营。产品运维主要包括任务管理、灰度发布、运维监控、成本管理等内容。而产品运营主要包括产品运营、用户运营、内容运营、数据运营等内容，企业要持续收集反馈数据，为产品的迭代优化提供参考。

这3个步骤都是在敏捷团队协同治理下的赋能平台上完成的。小范围的敏捷研发和规模化敏捷研发之间还存在着一定距离，想实现规模化敏捷研发并不是那么简单，需要克服很多困难。

例如，有些敏捷研发方法只适用于7～10人的小型团队，而大型团队往往拥有上百名成员，会分为几个甚至十几个小型团队。研发人员还需要和其他团队的非研发人员在质检、集成、市场运营等环节进行合作和沟通，那么在这种情况下，该如何保证敏捷研发项目可以顺利按期交付呢？

大型系统通常包含很多种类的新技术，还要与其他系统进行通信和集成。大型系统要面对复杂的场景，满足不同用户的需求。而且复杂的大型系统需要经过严格的验证，这使得规模化的敏捷产品研发条件更为严苛。

大型系统所需的研发和维护时间比敏捷研发适用的系统所需的研发和维护时间更长，而且需要关注不确定的更改，还可能会被要求交付多个版本的产品。虽然各个组织的情况各有不同，实现规模化敏捷研发的方法也有所不同，但是在实现的过程中存在的局限却有着共同之处。在选择最佳实践方案时，组织可以根据局限性，并结合自身的实际情况，对方法进行调整。

规模化敏捷研发具有复杂性，会导致组织的效益降低，因此需要在管理方面构建一致性。构建管理一致性，需要多个团队在进度、范围、目标等方面对齐，而且每个季度都要进行规划，明确产品目标及需求优先级。在季度末，要进行当前流程和成果的展示，并制订下一季度的计划。

为了更好地进行决策，企业还要建立价值决策团队，由团队管理者牵头召开周期性价值评审会议，以让组织成员在产品的敏捷研发上达成共识。价值决策团队的功能如图8-3所示。

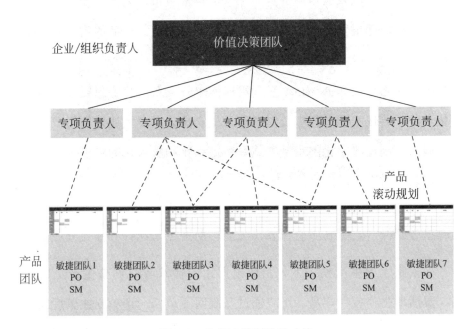

图8-3 价值决策团队的功能

价值决策团队包括多个专项负责人，专项负责人会将经过初步分析的任务专项在周期性价值评审会议中提出，以形成最终决策。他们对产品的全生命周期负责，从形成方案、交付、运营一直到迭代，都有专项负责人牵头带领团队进行作业。

而价值决策团队中的产品经理负责制订宏观上的产品滚动规划，以及制定产品落地的阶段性目标。

8.1.3 生产路径创新：制造数字化结果

数字化改变了企业的生产路径，由原来的先生产产品再对接用户，变为先对接用户再生产产品。生产价值链由此被改变，企业拥有了更多的盈利机会。

过去，企业通常以产品为导向，即根据自身的制造水平设计产品的功能。这种方式难以兼顾用户的真实需求，逐渐被市场淘汰。如今，企业以用户为导向，即根据用户的实际需求设计产品功能。产品的需求者与使用者得到了统一，产品有更高的使用价值。

在数字化时代，企业必须基于用户需求开发新产品。想要实现制造数字化，除了要在生产过程中及时调整预先安排外，企业还要为用户提供优质的服务。制造数字化的生产模式具有定制化和服务化的特点，能够满足用户需求，为用户提供有价值的产品。

1. 定制化

在定制化的生产模式下，企业根据用户需求及时调整生产工序和工艺，灵活地生产各种产品。用户通过互联网下单后，订单到达工厂。工厂根据订单定制用户需要的产品，通过模块化的拼装，满足用户对不同功能的需求，最大限度缩短产品生产周期。

以戴尔为例，戴尔虽然比不上IBM、康柏等历史悠久的企业，但依旧占据可观的市场份额，其中一个重要的原因就是定制化生产。

戴尔开创性地将新零售方式与产品生产融合，始终坚持以用户需求为本，实现了基于用户的大规模定制化生产。在戴尔直销网站上，用户可以自己设计、配置喜欢的产品，包括电脑的功能、型号、外观、参数等。

2.服务化

服务化是指企业从以传统的产品生产为核心，转向为用户提供具有丰富内涵的产品和服务，直到为用户提供整体解决方案。

戴尔还打造了自助服务系统，用户可以与客服人员直接沟通，这样不仅减少了大量的中间环节，用户还可以享受到方便、快捷的服务。除此之外，戴尔还为用户建立了非常全面的数据库，用户可以在里面看到各类硬件和软件的简介，以及可能出现的问题和解决方法。

为每一位用户量身定做产品，并辅以个性化的服务，是戴尔以用户需求为本的理念的体现。对于企业来说，这不仅有助于吸引并留存用户，还可以提升效益，为自身的转型升级奠定坚实的经济基础。

完成从以产品为导向到以用户为导向的转变后，用户对产品的信赖度及认可度都将显著提升。基于此，企业就可以有针对性地实施运营策略，重组生产价值链，创造更多的盈利机会。

传统生产模式的显著特点是大批量、标准化、规模化，而新生产模式则倾向于定制化、个性化、数字化、智能化。例如，吉利汽车积极进行数字化转型，不断升级自己的生产模式，打造生产价值链，取得了亮眼成绩。吉利汽车的新生产模式具有以下3个特点。

1.通过外部合作，实现数字化生产

阿里云在发布ET工业大脑时，提出要让生产线上的机器都变得自动化、智能化。此后，ET工业大脑不断适应技术与时代的发展，在多个方面发挥作用，包括生产工艺改良、生产流程的数据化监控、设备故障预测、生产线的升级换代等。

如今，云计算、AI等技术越来越多地应用于产品生产。企业可以借

助这些技术更精准地把握市场趋势，降低研发成本。吉利汽车充分利用技术，通过优化生产流程，促进生产效率的提升。此外，吉利汽车还借助5G优化生产网络，为工作人员配备5G智能设备。

为了打造更受用户喜爱的个性化产品，为用户提供更优质的服务，吉利汽车与阿里云在供应链、车联网、用户管理等领域达成合作。在各种技术的助力下，吉利汽车成为具有创新、转型、协同等特点的新型汽车企业。

2.业务数据在线化，在线业务数据化

吉利汽车通过一系列活动获取了很多用户资料，这不仅加深了其与用户之间的联系，也为其制定下一步发展战略提供了科学依据。与此同时，吉利汽车还实施数字化运营，以达到实时获取动态信息的目的。吉利汽车实现了从订单、研发、制造到运输的整体协同，取得了业务数据在线化、在线业务数据化等重大突破，数据分析效率得到了很大提升。

3.实现真正意义上的"新生产"

用户在选购汽车等大型产品时，更重视安全性和售后服务质量，这些都需要用户亲自体验。无论线上展示的汽车照片多么精美、资料多么丰富、售后服务多么全面，用户还是无法真切感受到汽车的性能，很难放心购买。为了打消用户的疑虑，获得用户的信任，吉利汽车在打造品牌口碑上不遗余力，一直在积极探索新策略。

当然，要想获得用户的认可，最重要的还是"用产品说话"。吉利汽车的质量保障来源于无数次测试，其中最具代表性的就是模拟仿真测试——借助计算机辅助工程软件对汽车的驾驶情况进行模拟测试。吉利汽车通过多次测试为每位用户提供更舒适的驾驶体验，给予其更安全、可靠的保障。

企业在进行数字化转型时，可以学习、借鉴一些知名企业的做法。需要注意的是，直接照搬照抄是不正确的，企业必须结合自身的实际情况制定相应的策略，这样才能够克服重重障碍，获得跨越式发展和进步。

8.2 数字化时代的生产模式变革

企业的数字化转型离不开生产模式的变革。随着数字化的高速发展，企业的生产模式已经逐渐从全人工模式转变为数字化模式，很多企业的工厂里都配备有高科技产物——各类智能设备，企业的生产效率得到进一步提高。

8.2.1 打造完善、强大的工程体系

数字化转型是一个长期的过程，并非一蹴而就，只有打造一个完善、强大的工程体系，才足以支撑企业成功转型。完整的工程体系如图8-4所示。

首先，企业要利用需求管理平台沉淀用户数据，排列用户需求优先级。在数字化时代，一家能够将数据与原有工程体系进行有效整合的企业，拥有更大的经营优势。企业可以将各个渠道内蕴含的用户消费习惯、使用偏好、个性化需求等高价值数据收集起来。

例如，苹果公司推出的服务：每位用户在使用新的设备之前，都会收到一个弹窗——询问用户是否愿意与苹果公司共享自己的偏好数据。基于此，苹果公司就可以为用户提供更好的个性化服务。

其次，企业要构建功能完好的研发管理平台，还要做好产品的迭代优化。企业有了明确的战略愿景和目标一致的团队，做好了用户数据沉淀，

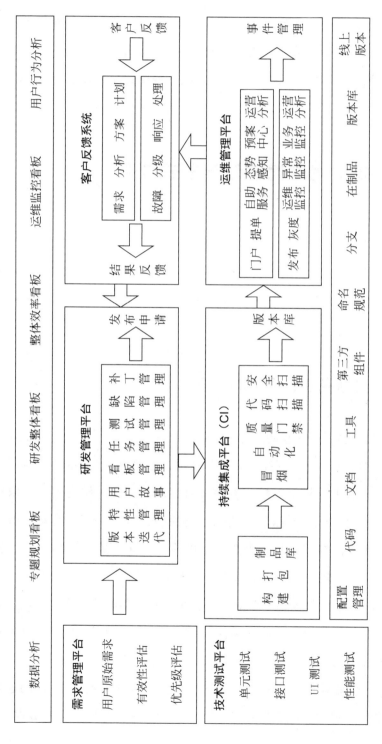

图8-4 工程体系蓝图

接下来就需要按照用户需求，改进自己原有的生产体系，使其适应市场的变化。

在持续集成平台上，依托于多种先进的数字化、自动化技术，企业会不断地更新自己的产品生产线，确保产品的迭代能够高效完成。

以马扎克机床为例，在沉淀用户数据的同时，它还不断更新自己的生产线，用户可以用马扎克机床高效制造出更多高质量的产品。

最后，利用好用户反馈系统，将用户的需求以及反馈的问题都收集起来传递给研发管理平台，进行产品的迭代优化。此外，产品销售出去后，企业需要跟进用户使用情况，确保产品的质量和用户操作正确，必要时可以为用户提供一定的技术支持和辅导。当用户反馈产品出现问题时，企业一定要与用户保持联系，并在第一时间联系技术人员进行检查维修。

8.2.2 无处不在的数字工厂

打造数字工厂是企业数字化转型的重要方向之一。不少企业为了提高自己在市场中的竞争力，都开始将工厂升级，打造数字工厂。企业可以利用大数据、云计算、物联网等技术，实现工厂的数字化，提高工厂的生产效率。

2021年12月，美的旗下子公司美云智数举办了一场"走进数字工厂"的活动，邀请媒体进行跟踪报道，让更多人了解美的是如何打造数字工厂的。该工厂运用了智慧物流系统，人们走进工厂就能看到智慧物流车在搬运货物。

工厂负责人介绍："结合车间的5G网络，我们打造了'5G+AGV'的智能仓库应用场景。该场景应用了由美云智数打造的智能物流平台，实现AGV自动搬运车和智慧物流系统相结合。"美的打造的数字工厂使美的的生产效率提升了将近30%。

同时,美的还建造了一个数字科技产业园,聚焦智能机器人、数字孪生、云计算等核心技术,促进数字工厂硬件升级和算力升级。美的产业园的项目方是这样介绍它的:"美的集团数字科技产业园不仅肩负楼宇产业既有产品升级的重要使命,也有利于发挥'低碳+智能'标杆园区的示范引领作用,对行业转型试点具有重要意义。"

技术催生个性化需求,人们价值观的差异愈发明显,这使得已经形成的市场格局被打破。为了适应时代、经济发展的新趋势,企业必须重视打造以数据为基础的数字工厂,尽快实现数字化、智能化生产,减少人为干预,加快数字化转型进程。

8.2.3 智造单元:生产模式变革的抓手

积极进行数字化转型的企业,尤其是制造企业,都离不开智造单元。智造单元是生产模式变革的抓手,也是实现智能制造的有效方法。智造单元以基本生产车间为基础,将一组功能近似的设备进行整合,再通过软件的连接形成多功能模块的集成,最后和企业的管理系统连接。我们可以用"一个现场,三个轴向"来描述智造单元,如图8-5所示。

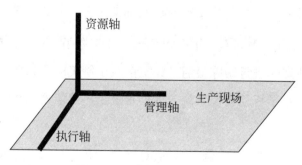

图8-5　智造单元三维示意图

(1)资源轴。资源轴的"资源"是抽象意义上的资源,可以是任何对象,包括员工、设备、工艺流程等,也包括精神层面的企业文化。值得注意的是，员工是企业宝贵的资产。

（2）管理轴。管理轴指的是生产过程中的要素管控和运行维护，包括对产品的质量、成本、性能、交付等的管理、把控。

（3）执行轴。执行轴是PDCA循环（也叫戴明环，如图8-6所示）的体现，包括计划（Plan）、执行（Do）、检查（Check）和行动（Action）。

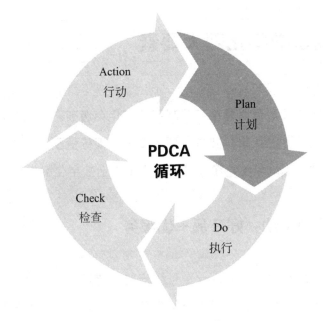

图8-6　PDCA循环示意图

智造单元实际上是小规模的数字化工厂，可以实现多品种、小批量（单件）的产品生产。更重要的是，智造单元能够最大限度地保护工厂的现有投资，工厂已有的设备都可以重复使用。这样工厂的成本得到了控制，更好地实现了数字化、柔性生产。

美的集团以数字化工厂建设为基础，打造智造单元，进一步推动产业互联。具体来说，美的集团全方位梳理交付链条，通过对采购、生产、物流等多个环节进行协同设计，实现了从"以产定销"到"以销定产"的转型，推动生产模式变革。

为了更好地进行数字化转型，美的集团推出美云智数，将其作为对外提供服务的工具。美云智数提炼了生产痛点，并据此推出科学的数字化解决方案，使美的集团的生产周期进一步缩短、订单满足率大幅度提升，从而帮助美的集团实现了降本增效。

8.3 制造数字化四大要素

在数字化时代，企业想要实现制造数字化会遇到一些困难，如技术的升级、意识的培养等。但只要具备四大要素，即价值驱动、人机驱动、质量和效率驱动、思维驱动，企业就拥有实现制造数字化的内生动力。

8.3.1 价值驱动：好产品+优服务

制造数字化有两个核心：一个是生产的价值是什么；另一个是如何找到生产的价值。这两个核心可以总结为价值驱动。制造企业要想拥有价值驱动，需要从好产品、优服务两个方面着手。

1. 好产品

如今，用户的需求越来越个性化，或许一个细节就能让产品脱颖而出。在产品设计方面，在"小数据"研究的基础上融入大数据，能够使产品更贴合用户需求。

例如，德国制造企业雄克采取了SAP智能产品设计方案，以促进数字化创新在实际工程场景中的实现。SAP智能产品设计方案将"数字化双胞胎"理念通过虚拟镜像展现出来，设计人员根据数据就可以提供产品的

360°全息视图，从而让用户深入了解产品的细节。

借助于SAP智能产品设计方案，设计人员可以通过仪表板直接访问产品相关信息，如产品结构、三维模型等，也可以跟踪现场设备的性能，将数据整合在一起，发现这些数据之间的不同之处，推动工程调整。

2.优服务

知名珠宝企业周大福曾经推出试戴首饰的服务，消费者可以通过点击AR/VR设备的屏幕，选择自己喜欢的首饰进行虚拟试戴，也可以通过智能手机在移动端进行体验。这种具有时代感和科技感的服务，更加契合当今消费者的需求。

之前，产品销售路径是：脱颖而出吸引消费者关注—明确与竞争对手之间的差异和优势—促使消费者购买。AR/VR不仅简化了这一销售路径，还为消费者提供了更加便捷、优质的消费体验，能充分激发消费者购买的欲望。

8.3.2 人机驱动：把机器变成智能化的"工人"

制造数字化离不开机器，这一点毋庸置疑。传统生产要素主要包括厂房、土地、工人等，在智能制造时代，这些生产要素的重要性降低。制造数字化以技术为驱动力，形成"ABC"组合，即AI、Big Data（大数据）、Cloud Computing（云计算）。

至于应该如何把机器变成智能化的"工人"，LG公司曾对外展示了一款名为CLOi SuitBot的机器人。这款机器人的定位是可穿戴机器人，旨在增强使用者的下肢力量，让操作重型工具或重负荷的工人获得更大的力量与机动性。

实际上，CLOi SuitBot更像一种工业机器，是一种以工人为中心的辅助机械，其设计初衷并不是取代工人，而是对工人的技能进行延伸和增强。

借助CLOi SuitBot，工人可以付出较少的肢体力量，获得更好的工作效果。

秦皇岛有一家特殊的水饺工厂，这家水饺工厂大约有500平方米，非常干净、整洁。但奇怪的是，在这家水饺工厂中，根本看不到任何工人，取而代之的则是各种各样的机器，这些机器可以全天候、不间断地工作。

无论是和面，还是放馅，抑或是捏水饺，全部都由机器完成，俨然形成了一条完整的全机器化生产线。在这家水饺工厂中，有以下几种类型的机器，如图8-7所示。

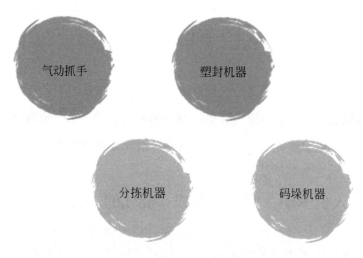

图8-7　水饺工厂中的几种机器

这些机器都有各自需要负责的工作，其中，气动抓手主要负责抓取已经包好的饺子，将其放到准确的位置上；塑封机器主要负责给速冻过的饺子塑封；分拣机器则需要给已经塑封好的饺子分类（由于分拣机器上有一个带吸盘的抓手，因此不会对饺子和包装造成任何损坏）；码垛机器可以将装订成箱的饺子整齐地码放在一起。

引进了机器以后，水饺工厂的工人不足20人，而且大多数工人都是在控制室或实验室里工作。虽然工人数量比之前大幅度减少，但工作效率没有下降。

8.3.3 质量和效率驱动：引进技术

在制造业提升质量和效率的需求的推动下，制造数字化得到迅猛发展。而要想提升制造质量和效率，企业必须借助先进的技术。

1. AI机械手臂

在所有的智能设备中，机械手臂是具代表性的一种。机械手臂由运动元件、导向装置、手臂3个部分组成。其中，运动元件的作用是驱动手臂运动，主要包括油缸、凸轮、齿条、气缸等；导向装置的作用是保证手臂运动的方向正确，承受产品重量所产生的弯曲和扭转的力矩；而手臂的作用则是连接零部件和承受外力。

采用机械手臂后，工人的工作安全性有较大提升，工伤事故大幅度减少。以前，工厂所有工作都由工人承担，即使是经验非常丰富的工人，也有可能因为机器故障、工作疏忽而受伤。机械手臂可以减轻工人的工作负担，提高工作效率，降低生产成本。

2. 大数据

大数据是实现制造数字化的核心技术，价值在于预测需求、预测制造、解决和避免不可见问题、整合产业链和价值链、优化生产过程。

杜克能源是美国大型能源企业之一，拥有80多家工厂、超过2.9万名工人，总部位于北卡罗来纳州夏洛特，主要负责向美国东南部和中西部地区供电和输送天然气。为了控制成本、提高设备自动化能力，杜克能源研发了监测和诊断基础设施，通过有线或无线的方式将结果发送给服务器，大量的模拟数据为数据专家进行全面的波形分析提供基础，使专家能够远程监控来自所有设备的异常数据，并快速解决问题。

3. AI视觉技术

AI视觉技术的一个主要应用就是对产品进行质量检测。目前，越来越多的企业希望可以用智能设备取代工人，完成一些比较基础的产品质量检测工作。因为这样不仅可以保证工人的安全，还可以进一步提升产品质量检测的效率。

例如，百度云旗下的质检云基于百度"ABC"（AI、大数据、云计算）能力，深度融合了AI视觉技术和深度学习，不仅特别容易部署和升级，还省去了需要人工干预的环节，大幅提升了工作效率，加快了企业的数字化转型进程。

8.3.4　思维驱动："生态链思维"

随着制造业数字化、网络化、智能化程度不断加深，信息技术的应用与突破，以及新能源、新材料和新商业模式的变革，制造业正遭受巨大冲击。传统的制造业是"生物体思维"，而新时代的制造业是"生态链思维"。

小米的业务可以分为3个方面：一是硬件，包括手机、电视、路由器、生态链等；二是互联网，包括MIUI、云服务、影业、金融等；三是新零售，包括小米商城、小米之家、全网电商、米家有品等。基于这些业务，小米形成了以自身为核心，涉及投资机构、业务群体、用户、消费者的生态链。这一生态链被称为小米模式的"放大器"。

对于生态链中的每一个初创企业，小米都为其提供所需资源，如产品设计思路、技术、销售渠道、资金等。这些企业在小米的帮助下迅速发展，同时成为小米创新升级的坚实后盾，为小米拓展商业版图提供无限可能。

第9章 数字化赋能营销

如今,广告的价格越来越高,能覆盖的用户却越来越少,甚至呈现负增长,流量红利正在消失。消费者不再像过去那样单方面地接收信息,微信、微博、小红书、B站、抖音等平台,让消费者变成信息的创造者和传播者,一些自媒体的传播力和影响力甚至超过官方媒体。在这样的背景下,企业营销必须转型。企业必须用数字化手段为营销赋能,从而触达更多消费者,提高产品销量。

9.1 数字化趋势下的营销变革

营销学之父菲利普·科特勒说:"市场变得比市场营销更快。"数字化时代,各个行业都面临着颠覆式的考验。原有的行业格局被打破,各企业回到同一起跑线。如果企业可以抓住机会,快速实现营销数字化转型,就可以充分利用转型优势,持续释放新动能,在市场竞争中占据有利地位。

9.1.1 营销与技术紧密融合

随着技术不断发展与普遍应用，新型营销模式出现，一些没有跟上发展潮流的传统企业被淘汰，甚至一些新型电商企业都没有逃脱这样的命运。在数字化时代，企业应全方位转型升级，而营销数字化转型是企业整体数字化转型的重要组成部分。

通过技术手段创新营销模式是实现营销转型的必经之路。无论是企业营销能力的提高，还是消费者消费体验的优化，都离不开技术，技术给企业营销带来了以下变化。

1. 未来营销将变得更加智能，企业向"智能商业体"转型

时代正在发生快速、剧烈的变化，未来10年技术的进步速度将超过过去100年。在以AI为代表的第四次商业革命来临之际，企业要坚定地朝着技术创新的方向迈进。在营销方面，技术能发挥重要作用。很多企业打造数字化营销系统，将产品展示、推广、远程销售、会员管理、导流等环节整合到一起，触发AI雷达，实时追踪商机，如图9-1所示。

在技术迅猛发展的数字化时代，每家企业都应该拥抱技术。只有这样，企业才可以跟上潮流，不被时代抛弃。

2. VR和AR将缩小企业与消费者之间的距离

如今，VR技术得到了普遍应用，例如，深受服装企业和消费者喜爱的3D试衣镜。3D试衣镜是在人体测量建模系统的支持下才得以顺利运行的，消费者只要在试衣镜面前停留3～5秒，系统就可以构建一个人体3D模型，并获取详细且精准的消费者身材数据，这些数据还会被同步到云3D服装定制系统中。

第9章 数字化赋能营销

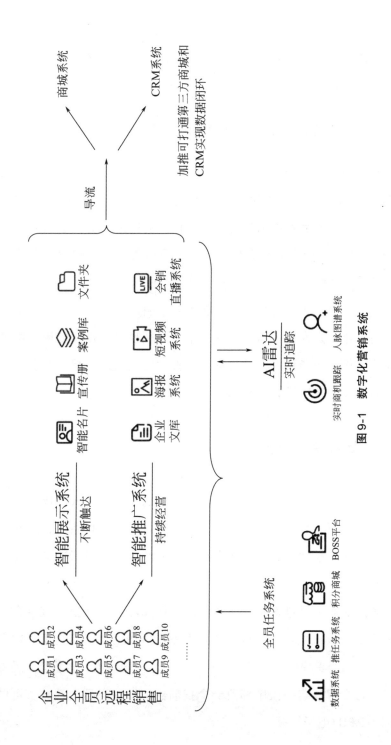

图9-1 数字化营销系统

借助3D试衣镜，企业不仅可以为消费者提供虚拟试衣服务，还可以根据消费者的身材数据为其提供远程服装定制服务。这极大地缩小了消费者与企业之间的距离。

3.购物功能与智能技术相结合，消费者体验得到提升

在线下实体店进入发展瓶颈期的情况下，亚马逊用无人实体商店Amazon Go实现了逆袭。亚马逊采用了计算机视觉、深度学习、传感器融合等技术，省去了传统柜台收银结账的烦琐过程。消费者只需要下载亚马逊购物App，在无人实体商店入口扫码成功后就可以进入商店购物。消费者离开商店后，系统会根据其消费情况在其个人的亚马逊账户上自动结账收费。

随着技术的不断发展与升级，除了虚拟超市、无人超市获得了广泛关注外，无人仓、无人机等新兴技术在某些领域也已经投入使用。技术是企业走向数字化、智能化、自动化的强大推动力，因此，想要成功实现数字化转型的企业必须积极拥抱技术。

9.1.2 大力发展无人零售

在数字化时代，无人零售受到很多企业的关注。无人零售需要很多技术与系统的支撑，包括热力图分析系统、流量漏斗分析系统、人脸识别技术等。借助这些技术和系统，企业可以很好地跟踪消费者的购物过程，及时为其结算，如图9-2所示。

很多企业都已经进军无人零售领域，例如，罗森和松下电器合作，携手推出全自动收银机。引进这个智能设备，再加上智能购物篮的助力，罗森就可以为消费者提供自助结算服务。自助结算服务的具体操作流程如下：

（1）每个智能购物篮中都有一个扫描器，每件产品上都贴了可供消费者扫描的RFID电子标签。

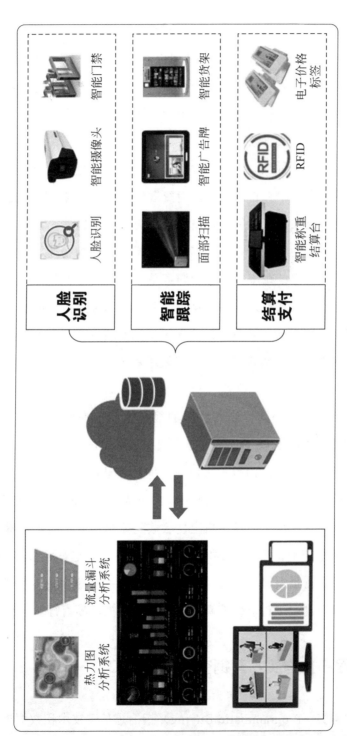

图9-2 无人零售技术与系统架构

（2）消费者将自己想购买的产品放到智能购物篮中（需要先对产品进行扫描），智能购物篮会将产品信息（如价格、数量、规格等）记录下来。

（3）罗森的全自动收银机上有一个狭槽，消费者只要把智能购物篮放进这个狭槽中，产品总价就会在结账屏上显示出来，然后消费者就可以选择现金或信用卡的方式付款。

（4）消费者完成付款，智能购物篮底部就会自动打开，产品会跌落到已经准备好的购物袋中并自动升起，消费者就可以取走自己购买的产品。

全自动收银机和智能购物篮具备一定的无人零售属性，是罗森实现数字化转型的强大动力。除了推出全自动收银机和智能购物篮以外，罗森还推出了夜间无人值守结账服务，这项服务是缓解劳动力压力的有效方法。

这项服务已经正式投入使用，从夜间12点到凌晨5点，消费者都可以享受无人值守结账服务。消费者只要在手机上安装一个应用程序，就可以在罗森自助购物。这样消费者在结账时就不需要排队，罗森也不需要在夜间安排工作人员值班。

当然，不只是国外的罗森，我国的很多企业也推出了无人商店。例如，深兰科技推出的Take GO无人商店取得了不错的业绩。Take Go无人商店外部装有扫描屏幕，消费者可以在注册并登录软件后扫码进入。消费者进入商店后，会有摄像头检测其是否购买产品。和Amazon Go相似，如果消费者把产品带出商店，其手机上便会收到账单详情和结账提醒。

在零售转型方面，罗森、Take GO表现出色。在这些企业的带领下，7-11、全家等企业也相继引入智能收银系统或自助结账柜台。可见，零售领域已经迎来自动化、智能化浪潮，这个浪潮将推动零售行业升级。

9.1.3 程序化购买：营销变革的新风口

程序化购买（Programmatic Buying）指的是基于技术和数据进行广告

投放和交易管理。近年来，移动营销市场的快速发展为程序化购买提供了良好的发展环境。

为什么交易要朝着程序化的方向发展？原因有四个：一是政策监管；二是广告主对精准营销的需求更高；三是互联网红利逐渐消失，流量的价值需要被进一步挖掘；四是广告形式不再局限于图文和视频，而是技术、场景的融合创新。

随着AI、区块链等技术的发展，程序化购买将从技术驱动走向数据驱动。以往，广告主想要把广告投放到媒体上，每一步都需要人工操作，如和媒体商谈价格。如今，行业竞争压力大，头部流量集中，广告主很难对接媒体资源。

而程序化购买使得营销中的很多步骤都可以通过技术手段完成。广告主可以在DSP（Demand-Side Platform，需求方平台）广告平台上将广告投放到多个媒体上，并且可以更精准地把广告投放给目标用户。具体需要以下5个步骤：

第一，广告主在DSP广告平台上决定广告要投放到哪些媒体。

第二，广告主利用DSP广告平台的算法，设定广告目标用户的属性等信息，确定广告向哪些受众展示。例如，某条广告的目标用户是90后、喜欢玩游戏的男性，那么就可以通过设置，只向目标用户投放这条广告。

第三，媒体把具有同样属性的用户推荐给DSP广告平台。

第四，DSP广告平台根据广告主设定的信息进行定向匹配。

第五，通过自动竞价为广告主匹配最合适的用户，并向这些用户展示广告。

程序化购买减少了广告投放和交易过程中的人工参与，通过自动竞价的方式在很短时间内就能完成广告投放。这样既保证了媒体价值被最大释放，又提高了广告投放的精准度，实现了广告主与媒体的双赢。

9.2 创新营销渠道，精准触达用户

随着技术的进步和发展，营销渠道更多元化。为了精准触达用户，实现营销效果最大化，对营销渠道进行创新必不可少。

9.2.1 前端渠道：与用户直接互动

随着电商渗透率不断提升，与用户直接接触的前端渠道的触达效率得到提升，但也越来越碎片化。微博就是这样一种渠道。随着使用人数不断增加，微博的影响力越来越大，很多企业利用微博进行品牌宣传。

拼多多充分利用微博信息碎片化、信息传播速度快的特性，使自身品牌得到了快速、广泛的传播。在建立初期，拼多多在微博宣传上投入了大量资金。"1亿人都在用的购物App"这一宣传语使得拼多多在微博上迅速走红。

微博曾与尼尔森联合发布《微博营销品牌影响白皮书》，即通过尼尔森DBE（Digital Brand Effectiveness，数字品牌效果）衡量体系直观地展示微博的推广效果。结果显示，传统行业与新兴行业均能在微博上取得较好的品牌宣传效果。

9.2.2 内容渠道：兼具私密性与社交性

除了微博这种信息碎片化的前端渠道，企业还可以使用微信公众号、知乎等内容渠道精准触达用户。这种内容渠道兼具私密性与社交性，利用这种渠道进行品牌营销会增强营销内容的可信度和说服力，产生更好的营

销效果。

随着内容经济的兴起,大批知识型平台涌现出来,用户可以在上面发布自己的经验、对问题的看法。这种内容渠道受到了越来越多年轻人的喜爱,帮助企业吸引素质更高的用户,为企业创造更大的价值。

在新媒体时代,相较于有自己的公众号且运营得很好的企业,没有自己公众号的企业会逐渐呈现发展不足的态势。如今,微信被广泛应用,满足用户聊天、了解资讯、休闲娱乐等需求。打造品牌微信公众号并定期更新内容,能有效扩大品牌的影响范围。

不管是自建微信公众号,还是利用第三方优质公众号进行品牌营销,企业都需要推动相关内容传播、扩散,从而达到宣传品牌的目的。如果同时采用这两种方式,营销效果会更好。在营销的过程中,企业可以结合渠道的特点,创作与渠道契合度更高的内容,设计普适性更强的活动,潜移默化地吸引用户关注,影响用户心智。

9.2.3 直播渠道:为品牌积攒人气

在新媒体时代,企业在进行品牌营销时要顺应时代发展,紧跟时代热点。如今,观看短视频成为广受人们欢迎的休闲娱乐方式,直播成为火爆的营销渠道。企业在进行品牌营销时要借助直播浪潮,全面扩大产品销售规模,为品牌积攒人气。

随着直播行业的快速发展,带货主播应运而生。他们会在直播过程中宣传产品,企业能够在短时间内获得极高的曝光度,产品销量快速提升。如果企业能够充分发挥直播的营销作用,就能够使产品精准、快速地触达用户,获得事半功倍的营销效果。

但是,企业也要注意,直播只是产品销售的开始。直播结束后,企业还要关注用户的反馈情况,及时帮助用户解决其遇到的问题,并对产品和营销内容进行调整。这样才能获得更多用户的支持与信赖，真正实现用户与品牌的连接，充分发挥直播这个渠道的营销推广作用。

9.2.4 数字化时代，泛渠道必不可少

近年来，许多企业在用户覆盖方面都已经触碰到了行业上限。在这种情况下，拓宽渠道的广度和深度成为企业可持续发展的关键。那么，企业应该如何建立泛渠道，实现用户的精准触达呢？

第一步，进行资源合作，扩大用户覆盖面。

企业可以整合渠道资源，扩大用户覆盖面，增强渠道对用户的吸引力。例如，某企业制定了数字化营销方案，整合了各种营销渠道，包括扫码活动、积分商城、会员体系、小程序、社群等。该企业将这些渠道联合起来进行推广，同时还打造了用户中台、资产中台、数据中台，以提升营销效果。这不仅可以最大限度地覆盖目标群体，还能增加企业的曝光度，让营销真正发挥作用，如图9-3所示。

第二步，进行场景化营销，优化用户消费体验。

最高级的营销不露一丝痕迹，会给用户带来一种所听、所见即所得的真实感。企业可以充分挖掘、追踪和分析用户数据，为全渠道打造统一的消费场景，连接用户线上线下行为，通过与用户的互动沟通，树立品牌形象，提升用户转化率，实现精准营销。

第三步，建立用户管理体系。

每位用户的精力都是有限的，正因如此，企业需要建立一个可以不断涌入新鲜"血液"、沉淀内容的用户管理体系。这样企业就可以对用户信息、行为数据、历史资料等进行有效分析，并据此将用户分类，实现精准

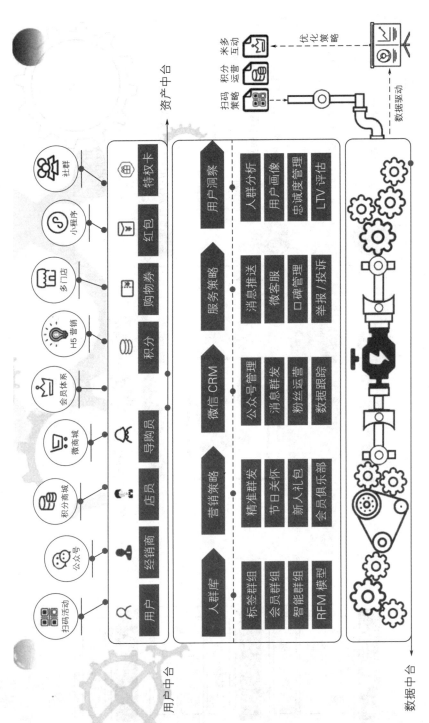

图9-3 某企业的数字化营销方案

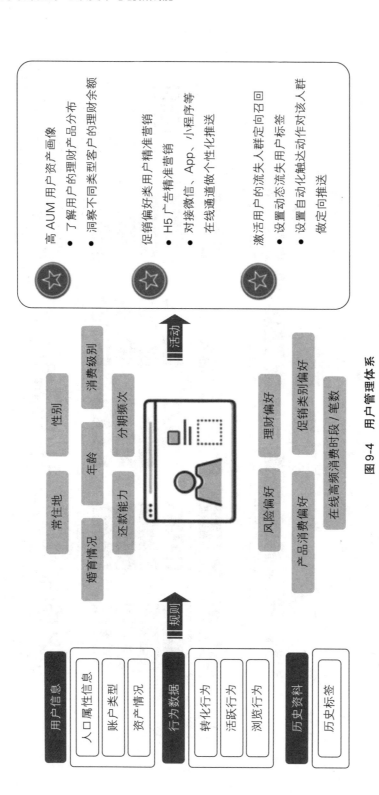

图 9-4 用户管理体系

营销。另外，企业还可以尽一切可能延长用户的生命周期，召回流失的用户，提升用户的留存率，如图9-4所示。

第四步，寻找相应KOC（Key Opinion Consumer，关键意见消费者）。

企业可以利用KOC的人设以及私域流量，实现低成本、高效率的营销。KOC的意见具有影响力和感染力，毫不夸张地说，1个合格的KOC可以对100个，甚至1000个、1万个普通用户产生影响。因此，寻找KOC的工作十分重要，需要得到企业的重点关注。

成功拓宽用户与产品接触的渠道后，企业就可以满足用户在任意时间、地点购物的需求，从而有针对性地开展营销活动，实现数字化营销。

9.3 服务创新：为用户提供极致体验

如今，用户体验呈现线上化、数字化趋势。如果企业可以升级服务方式，提升数字化服务能力，那么用户的满意度和忠诚度就会更高。

9.3.1 数字化时代的用户身份转化

近年来，许多数字化技术都实现了商业化应用，用户之间的个体差异也更加凸显。如果企业可以精准地识别用户身份，为用户提供个性化服务，就可以有效提升用户的转化率与活跃度，获得更多盈利。

在大数据时代，用户数据的价值更多体现在企业如何运用上。一家拥有更多的有效数据的企业，拥有更强的经营和发展优势。如何对用户数据进行挖掘、整合、分析，已经成为企业进行战略布局的重要课题。企业可以从以下几个方面着手，对用户数据进行挖掘、整合、分析，从而精准识别用户身份，为用户提供极致服务。

1.有目的地收集数据

有目的地收集数据，可以确保数据分析结果有较强的针对性与实操性。例如，保险公司在对司机的个人行驶里程、驾驶稳定系数、刹车油门踩动情况等数据进行分析后，就可以得知司机的驾驶习惯，预估其驾驶风险，确定其车险保费金额。

如果企业可以在数据产生之初对其进行识别、采集，就能够极大地减少后续数据分析的工作量。这就要求企业搭建用户数据管理体系，根据用户数据进行用户分群并为用户打上标签。同时，企业还要分析用户的各种属性，建立完善的ID管理体系，从而更好地获取与管理用户数据，如图9-5所示。

需要注意的是，用户数据不是越多越好，企业要围绕业务目标收集用户数据。用户数据一般分为行为数据和流量数据。其中，行为数据是以时间为顺序，记录用户在某一产品上的操作及消费行为；流量数据能追溯用户的来源，帮助企业进行更有效的渠道转化分析与广告投放分析。这两类用户数据是企业必须重点收集和分析的。

2.匹配关联数据

将来自不同渠道的数据进行关联，初步建立可视化的用户画像，是整个用户数据分析过程中最重要的一步。现代人的信息保护意识逐渐觉醒，许多用户在购物时不会留下自己的真实信息，数据匹配也因此变得更加困难。在这种情况下，如果企业将来自不同渠道的信息按照重复字段进行匹配，则工作量极大，工作效率和成功率极低。

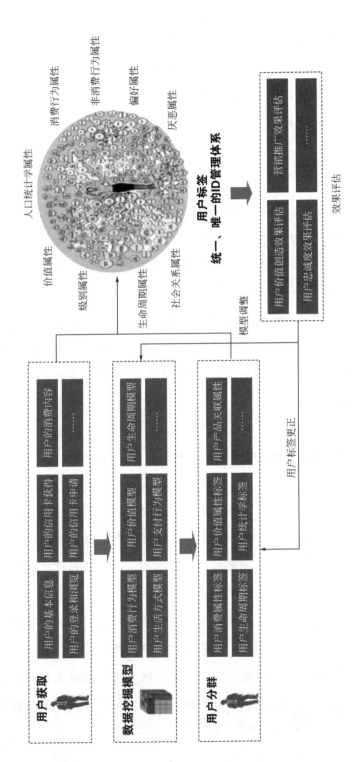

图9-5 用户数据管理体系

目前，几乎每个平台都会让用户使用手机号进行身份认证，因此，企业可以将手机号作为纽带，借助它将各个渠道的用户信息进行关联。找到数据源头后，企业就可以根据用户的姓名、电子邮箱、收货地址等附加信息，对原有数据进行补充。

3.验证用户画像

首次绘制出的用户画像可能存在数据偏差，因此企业还要根据用户的行为偏好在后续对用户画像进行验证。定向内容评估法是最常用的验证方法，即在建立初步的用户画像后，根据画像向用户推送产品，通过产品的购买率或复购率判断用户画像是否合理。

此外，由于用户数据具有时效性，因此企业还要及时对用户数据进行更新，及时为用户提供其需要的服务。这样企业才能与用户进行适时、适当的沟通，从而促进用户的转化与回流。同时，企业也需要加强信息安全防护，预防数据泄露。

9.3.2 大数据让消费变得更精准

在过去，企业通常采用市场调研的方式对市场有关的信息资料进行收集、记录、整理和分析，了解市场现状、发展趋势，从而制定科学、合理的发展策略。随着科学技术的发展，大数据和智能算法被广泛应用于各个领域，成为市场调研的重要技术支持。

企业可以利用大数据等技术对用户的特征进行分析，在此基础上识别目标受众、新用户、核心用户、活跃用户、流失用户、召回用户，然后有针对性地挖掘不同用户的需求，保证营销策略与用户的需求是匹配的，从而提升交易效率及品牌知名度，维护品牌口碑。用户分类识别路线图如图9-6所示。

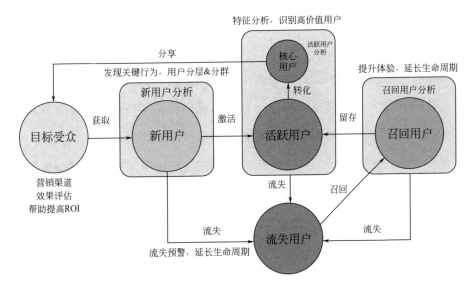

图 9-6 用户分类识别路线图

企业可以利用大数据预估产品的销售额,例如,亚马逊利用大数据建立个性化推荐系统后,销售额大幅增长。个性化推荐这一功能逐渐出现在新闻、书籍、音乐、社交等各种产品中。

如今,许多销售型企业都利用大数据了解用户的浏览、购买、回购、投诉、退换等消费情况,进而对自身的产品战略进行调整,将产品信息精准投放给需求用户,为用户提供精准的个性化推荐服务。

淘宝就是利用大数据进行产品推荐的典范。用户输入关键词搜索产品,搜索结果并不完全是随机的。淘宝后台通常会根据大数据判断用户偏好,将那些容易激起用户消费热情的产品置于顶部,从而引导用户的消费行为。淘宝年销售额逐年增长,足以证明这一机制的先进性。

未来的商业竞争是用户数据的竞争,真实、精准的数据是企业进行产品决策的前提。在大数据时代,企业可以通过对繁多、复杂的数据进行集成分析,预测新一轮消费热点,将产品信息和优惠活动精准投放给需求用户,为用户提供个性化推荐服务。这样不仅可以极大地提升用户活跃度,还可以全面优化产品决策,增加企业盈利点,充分挖掘大数据的商业价值。

9.3.3 会员体系变革:线上与线下连接

随着流量型商业模式弊端显露,资本热度逐渐消退,提升用户规模的难度也越来越大,能够提升用户留存率、深度挖掘用户价值的会员体系被重新推上高位。会员体系的核心逻辑是通过良好的交互设计、切实的会员权益、优质的激励系统,将处于流动状态的用户留存下来,并充分挖掘其商业价值。企业可以从以下几个方面入手,建立数字化会员体系。

1. 会员中心的设计

会员中心是连接用户与企业的枢纽,优质的交互设计能极大地提升用户对品牌的好感度,增强用户对品牌的信任感。在设计会员中心时,企业应充分考虑自身定位及用户偏好,使界面布局具有更强的合理性及交互性,全方位提升用户体验。

2. 会员权益的设置

如今,产品同质化日益严重,为用户提供个性化、多元化的会员权益,可以显著增强品牌对用户的吸引力,从而极大地提升用户留存率。

会员权益的类型是多样的,除了企业自身的产品优惠、折扣、积分兑礼品等权益外,视频平台会员、购物代金券、服务体验券等第三方平台的增值服务也可以作为会员权益。全方位、多角度地对用户偏好进行分析后,企业针对用户的个性化需求设置的会员权益,势必能获得用户的喜爱。

3. 会员等级的划分

企业可以根据会员的忠诚度、活跃度、消费情况等因素进一步划分会员等级,这样有利于企业更准确、全面地进行会员评估。企业可以为高等级的会员配置更高级别的权益,从而激起会员的升级与消费热情。某企业的会员等级划分如图9-7所示。

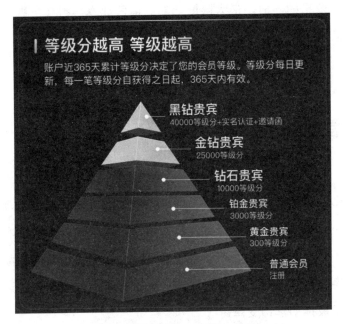

图9-7 某企业的会员等级划分

在划分会员等级后,企业便可以更有针对性地开展运营活动,挖掘会员的深层价值,实现投入产出比最大化。

4.积分系统的建立

作为一种常用的营销策略,积分系统可以有效增加品牌记忆点,提升用户的品牌敏感度,增强用户黏性。企业可以根据品牌特性设置积分名称、使用规则、兑换方式、有效期限等,建立完善的积分系统。

企业可以开展一些营销活动,如幸运转盘抽奖、每日答题抽奖等,用户可以从活动中获取积分,从而有效提升用户积极性及转化率,进一步提升用户的品牌忠诚度。

构建数字化会员体系后,企业就可以充分挖掘数据价值,发挥数据对业务的指导作用。在掌握用户的消费习惯及偏好后,企业就可以有针对性地对产品进行创新、改良、营销。此外,数字化会员体系还可以帮助企业在提升营销效果的同时,最大限度地降低运营成本,将会员数据转化为庞大的经济效益。

9.4 营销数字化转型之道

数字化营销是借助数字技术实现营销目标的一种新型营销方式。对于企业来说,数字化营销优势很多,包括营销不受限制、推广成本低、品牌展示渠道多等。在数字化营销的大背景下,营销被赋予新的内涵,企业可以通过数字化营销与用户建立更紧密的联系。因此,企业应打造数字化营销体系,积极推动营销变革。

9.4.1 从入口思维到全触点思维的转化

能够传递消息的渠道都可以作为用户入口,如品牌门店、营销广告、App等,总流量是不同入口的流量线性叠加得到的。而触点是企业与用户通过各种维度、各种形式形成的连接。多个触点组合形成的触点网络可以更好地实现企业与用户之间的对接,企业能够为用户提供更全面、优质的服务。

触点可以有效吸引潜在用户的注意力,向用户传递品牌的态度及价值观。互联网技术的进步使每个触点都有可能变成入口,这也导致传统商业模式发生了极大的变革。从入口思维转变为全触点思维,充分挖掘业务流程中的重要触点,有针对性地进行营销活动,是企业实现营销数字化转型的重要步骤。

全触点思维需要企业对用户有深入的了解，如今，大部分企业都拥有海量用户数据，并对数据进行了分析，但是这不代表企业真的了解用户。例如，某品牌口香糖的用户画像为：30～35岁、都市白领、月收入1万元左右。这是该品牌通过分析海量数据得出的结果，然而不是所有具备这些特质的人都会购买口香糖。

产品能够帮助达成目标，才有可能触发用户的购买行为。例如，在超市排队付款时，用户为了消磨时间，会挑选摆在架子上的口香糖。而智能手机出现后，用户有了新的消磨时间的方法，口香糖的销量下滑。这部分销量缺口并不能通过丰富口味、提高质量来弥补，只能通过挖掘其他用户目标、开辟新的销售触点来改善。

创新大师克莱顿·克里斯坦森曾提出"用户目标达成理论"，他认为，用户不是购买产品或服务，而是为了让自己在特定场景中有所进步，才让产品或服务进入自己的生活。而这个"进步"就是"用户目标"。可以说，用户为了完成某些任务而"雇用"了产品和服务。

用户目标达成理论包含三大元素。

1. 进步

"进步"指的是在某一基础上更进一步或者获得更好的体验，例如，用户使用了美白产品之后变白了，使用了扫地机器人后做家务变得更加简单。

2. 情境

在确定用户目标时，企业必须结合特定情境。在界定用户目标的情境时，企业需要解决很多问题，例如，"用户在哪里""用户正在做什么""用户接下来要做什么""用户受到哪些社会、文化环境的影响"。情境是用户目标的根本所在，因为进步需要以情境为依托。

3.复杂性

用户目标包括功能用户目标、社会用户目标和情感用户目标。很多企业在创新时往往过分考虑用户的实际需求,却忽略了用户的情感需求可能比功能需求更为迫切。

用户目标与传统的用户需求概念并不相同,它对于用户想解决的问题的定位更加明确。用户需求相对笼统,例如,"我想吃东西"是一个用户需求,但根据这个需求,企业无法明确用户为什么会选择别的产品而不是自己的产品。

用户目标会考虑比较复杂的情境,例如,"我需要在上班路上吃早餐",企业通过这个用户目标可以知晓用户需要的是一款方便食用、利于携带且可以补充能量的食品,而且因为上班路上的时间并不充裕,所以用户可能还需要代为加热这个功能。这样,企业创新的方向就很明确了。

识别出用户在特定情境下的目标,也就找到了用户触点。那么,如何确定用户的目标呢?

1.从生活中寻找

用户生活中尚未被解决的问题是企业产品创新的重要依据。企业管理者可以先从自己的生活中寻找尚未被解决的问题,明确自己在某些场景下的需要。有时候,对我们很重要的事情,对别人也很重要。

2.找出暂时的变通做法

当用户为解决生活中的难题而采用暂时的变通做法时,证明他们很可能对现有的解决方案不满意,而且非常想解决问题。例如,在没有外卖平台之前,一些学校、居民区附近的便利店,会为了吸引用户主动提供送货服务，甚至雇用专职的送货员。外卖平台发现了这个问题，将这些服务整合在一起，同时解决了顾客与商家的问题。

3. 关注你不想做的事

不想做的事情又可以称为"负面用户目标"，它往往能带来最佳的创新机遇。例如，一些长期服用某种处方药的患者，需要定期去医院挂号拿药，这浪费了很多时间。为了解决这一问题，在线就医平台出现了，患者只需要上传身份信息和医院处方，就可以预约购药，节省了很多时间。

4. 找出产品不同寻常的用法

通过观察用户如何使用产品，企业也可以发现新的商机，特别是当用户的用法与标准用法大相径庭时。例如，小苏打曾是家庭厨房必备的烘焙材料，但后来生产小苏打的厂商发现，用户经常将小苏打当作清洁用品。根据这一用法，该厂商推出了无磷洗衣粉、地毯清洁剂、空气清新剂、除臭剂等产品，这些产品都大获成功。

从用户目标的角度了解用户和市场，企业可能会发现，原本看起来没有商机的市场，突然出现很多机遇。

9.4.2 如何做好移动营销

移动营销指的是面向移动终端用户，在移动终端上向目标受众精准传递个性化即时信息，以达到市场营销目标的行为。随着移动互联网的发展，手机已经成为现代人生活中不可分割的一部分，人们的衣、食、住、行都会用到手机，其中隐藏着许多用户与品牌互动的触点。企业可以通过以下7步进行移动营销。

1. 建立用户地图

除了了解用户的特点，企业还要了解用户的行为，即用户为了实现目标而付出的行动，这需要借助用户地图。用户地图可以将用户的一些重要行为可视化，帮助企业了解和解决用户的真实需求和真实痛点。企业需要根据实际场景，将用户行为概括为几个阶段，再将每个阶段的用户行为分解为若干节点（用户体验过程中关键动作，如网购时的在线支付等），用简短的动词表述出来，再按行为产生的先后顺序排序。

下面是用户在无人商店购物的用户地图，如图9-8所示。

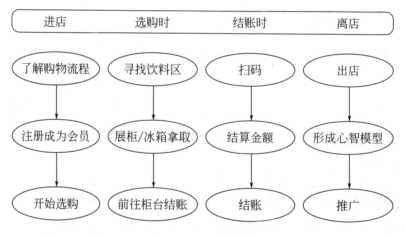

图9-8 用户在无人商店购物的用户地图

将用户的行为进行排序后，企业要明确用户在每个阶段要完成的目标或任务，并进行提炼。通过分析从用户接触产品到实现目标的过程，企业可以明确自己能在哪些方面为用户提供帮助。另外，企业还要分析每个节点用户的情绪状态，如积极、平静、消极等，由此明确用户的痛点出现在哪个环节。最后，企业需要了解用户痛点背后的原因，制定相应的解决方案，推动痛点转化为机会点。

用户可以通过各种渠道与企业交互。如果企业能够建立用户地图，就可以更好地了解用户的转化路径与实际需求，将渠道信息与用户地图结合。这样无论用户使用哪种渠道与企业产生连接，企业都可以为用户提供精准的个性化服务。

2. 拒绝数据孤岛

移动渠道只是众多交互渠道中的一种，其他渠道也会对其产生影响。许多移动应用程序的开发人员会有意识地为程序设置数据壁垒，这提升了后续修改、平台移植等工作的难度，造成极大的时间及成本浪费。

3. 自适应式设计

由于移动营销的内容要在各种移动设备上发布，为了减少工作量，许多企业都会创建响应式站点，实现自适应式设计，即将发布在各个平台上的内容的页面按比例调整，使内容与用户使用的移动设备完美匹配，为用户提供最佳阅读体验。

4. 预测行业走势

技术的发展加快了移动设备及平台的迭代速度，每一项热门技术都有可能对企业的发展产生巨大的影响。这就要求企业紧盯行业热点，预测行业走势，及时在平台中添加新设备或其他变量，始终走在行业的前沿。

5. 简化工作内容

移动营销要求企业化繁为简，降低工作的复杂度。企业不必为每个问题、每种移动设备专门制定解决方案，而应该系统地梳理问题，针对某种设备提供完善的、成体系的解决方案，再将其迁移到其他设备中。这样不仅可以简化工作内容，还可以极大地提升用户的体验感。

6. 检验营销效果

进行移动营销后，企业应根据链接的点击情况、用户的互动情况、产品的销售情况等检验营销效果。这可以帮助企业了解用户的实际需求及关注重点，企业可以为用户提供有针对性的服务，进一步完善营销策略。

7. 提升用户体验

优质的用户体验是提升用户品牌忠诚度的关键。企业应该充分发挥用户画像的作用，针对用户的使用习惯、需求及偏好，进一步提升其使用体验。例如，根据用户偏好定制个性化推荐内容；优化导航和搜索功能，降低用户点击频次；设置一键支付功能，进一步引导用户消费。

这7步可以帮助企业深入了解用户需求，根据用户的使用场景为其提供针对性更强的营销内容，从而进一步了解用户行为的深层含义，获取更多商机。

9.4.3 链接式营销：技术+内容+社群

互联网的快速发展，使企业的营销策略也发生变化。互联网使整个社会都处于链接中，之前企业在"失联"环境下实行的营销策略已经不适用于现在万物互联的环境，因此企业要调整营销策略。企业实行链接式营销需要实现3个方面的链接，即技术手段链接、内容手段链接、社群手段链接。

1. 技术手段链接

技术手段链接主要是指企业搭建一个平台，企业与用户在线上就可以互动。用户可以通过这个平台深入了解企业，企业的营销效率得以提高。

某企业借助大数据、AI等技术打造了服务平台,与用户实现了更紧密的连接,进一步推动了服务转型。该服务平台由用户、前台、后台、支持4个部分组成,如图9-9所示。

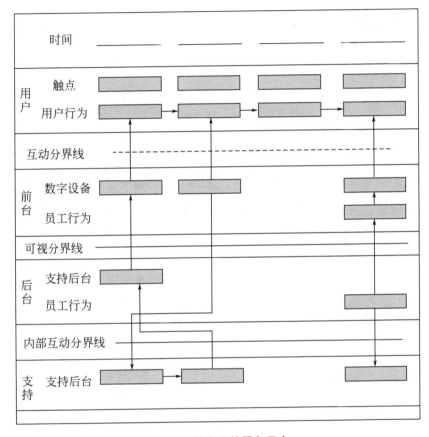

图9-9 某企业的服务平台

(1)用户行为是用户在所有阶段中的体验节点,企业要清晰地罗列出用户在什么节点做出什么行为,这样才能更好地为用户提供服务。

(2)前台是与用户产生交互的界面,内容包括员工行为、数字设备等,用户可以享受具体的服务。

(3)后台负责给前台提供技术、方案支持。

(4)支持是企业内部服务支持人员的服务步骤和互动行为。

企业的资源是有限的，几乎不可能在每一个节点都给用户提供完美的消费体验。因此，企业需要借助服务平台优化资源配置，为用户提供更好的服务，进一步优化用户的峰值和终值体验。

2.内容手段链接

内容手段链接通常是指企业通过抖音、快手、小红书、知乎、微博、微信公众号等平台向用户传播营销内容，吸引更多用户关注企业，促进企业与用户之间的连接。

以知乎这类知识型平台为例，知乎的用户大多是拥有较高文化素养的年轻人，企业可以针对此特点，深挖年轻人感兴趣的话题，着重宣传企业的核心理念，从情感、价值观等方面引起用户共鸣，用内容征服用户。下面是知识型平台的内容运营方法，如图9-10所示。

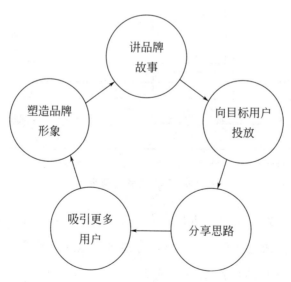

图9-10 知识型平台的内容运营方法

在实际操作过程中，企业要将这5个步骤打造为一个闭环，循序渐进，不断地影响用户心智，提升用户黏性，吸引更多目标用户。

3.社群手段链接

社群手段链接是互联网普及催生的一种新型链接方式。企业将用户沉淀到社交软件的社群中,解决了企业与用户之间沟通效率低的问题,企业在用户反馈问题时能迅速响应。同时,相较于传统的在店铺内销售的方式,社群可以提高产品销售效率。

想要管理好社群,企业就不能忽视模式、载体、机制、价值、内容等要素,如图9-11所示。以载体要素为例,企业要根据自身情况选择合适的载体,如朋友圈/微信群、社区/论坛、会员体系、俱乐部等。企业可以借助这些载体连接用户,挖掘社群的最大价值。

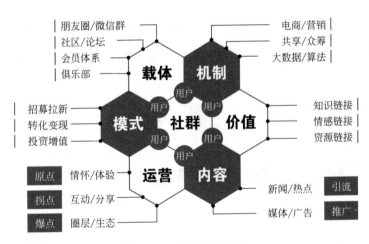

图9-11 社群管理要素

企业可以将这3种链接融合,以达到链接式营销的最佳效果,促进链接式营销创新发展。

第10章 数字化赋能物流

随着技术的成熟和应用,物流行业迎来了巨大的机遇与变革。智能化、自动化的智慧物流系统逐渐形成,推动供应链升级,助力企业数字化转型。

10.1 数字化时代的物流变革

如今,物流行业与技术的融合不断加深,智慧物流成为推动物流行业发展的新动力。智慧物流不仅为制造业提供现代化运输支撑,还优化供应链体系,助力智能制造的发展,提高企业的核心竞争力。

10.1.1 物流体验进一步优化

传统物流运输中存在各种各样的问题,如工作效率低、爆仓丢包、快递错领、消费者信息泄露等,导致服务体验较差。而且,物流运输过程中的各个环节互相分离，没有形成一个统一的业务链条。

随着智慧物流的发展，5G等新技术应用到物流运输中。例如，分布式记账系统能够记录和传输资金流、物流和信息流等数据，简化了人工记录物流信息的流程，极大地降低了物流成本，提高了物流运输效率。而且，这些数据能够在保护隐私的前提下实现共享。

智慧物流系统的每个节点中都包含了物流运输过程中的卖方、买方、价格、合约条款等信息。物流链中的每个人都会获得一个独特的账本，账本在网络中可以被验证。如果账本和网络中记录的信息一致，则说明信息是有效的。

货物运送途中，从装载、运输到取件的整个流程都被清晰地记录在智慧物流系统上，能够保证物流信息可追溯，避免了传统物流运输过程中的丢包、错误认领等问题。

快件签收也不再需要人工查询信息，用户借助智慧物流系统就可以查到，避免了伪造签名冒领快递的问题。快递企业能通过智慧物流系统掌握物流运输情况，防止窜货问题的发生，保障线下各级经销商的利益。

以"双11"为例，随着网购的发展，"双11"已经成为备受消费者期待的节日。"双11"成交额逐年提升，给物流仓储和配送带来了很大的压力，物流企业面临巨大的挑战。

现阶段，物流运输在信息传输、交通运输、仓储安全性等方面需要优化调整。整个物流运输过程涉及很多环节，而且空间上是跨地域的，很难实现透明化操作。5G等新技术在物流行业的应用，能够为物流企业提供便捷、有效的工具，提升物流运输过程的透明性，从而在信息安全、丢失与冒领、避免假货、食品安全等方面进一步优化物流体验。

1. 信息安全

在寄收快递方面，数字化技术能够对快递信息进行加密，充分保障消费者信息安全。此外，数字化技术能优化快件揽收、配送等业务流程，提升物流运输效率。

2. 丢失与冒领

目前，物流运输还存在信息更新不及时、跨区域运输中转时间长等问题。5G等新技术可以实现快递信息的动态跟踪与查询，防止快递的丢失与冒领。

3. 避免假货

5G等新技术可以对商品的销售与邮寄进行全线追踪，实现整个物流运输过程的透明化、标准化，并且物流运输数据是无法更改的。

一旦消费者买到假货，可以通过物流运输数据向商品销售方追责，一定程度上防止了假冒伪劣商品的出现，保障了消费者的利益。

4. 食品安全

食品安全影响着消费者的身体健康，在物流运输过程中保障食品的品质与安全是十分重要的。5G等新技术能够改善食品安全不可控的状态，运输的集装箱中有传感器，能够对食品的情况进行记录，保障了食品安全的透明度。

综上所述，物流行业与新技术的结合，不仅能够保障商品安全，为消费者消除后顾之忧，还提升了物流运输效率，让商品快速到达消费者手中，有效避免了商品积压导致的爆仓，以及因快递过多而丢失快递的问题。

智慧物流给物流行业的发展带来了新的机遇，能够解决当前物流行业在仓储、运输等方面存在的问题，提高物流行业的整体服务水平，为消费者带来更好的购物体验。

10.1.2 机器人在智慧物流中的应用

为了更好地改善物流体验,提高物流行业的运作效率及标准化程度,打造智慧物流,机器人被广泛地应用于物流行业中,如仓储AGV机器人、快递配送机器人、智能叉车等。

1. 仓储AGV机器人

仓储是物流环节的重要组成部分,其工作内容较为烦琐,工作量较大,但是含金量较低,需要耗费大量的人力成本。将机器人应用于物流仓储中,能提升仓储管理效率,降低人力成本。上海快仓与北京佰才邦联合创新,推出智能仓储AGV机器人,并运用于物流仓库中,进行初步的测验,如图10-1所示。

图10-1 智能仓储AGV机器人

仓储AGV机器人在工作区域内流畅地穿行,执行业务十分顺畅,稳定性很强。仓储AGV机器人提升了仓储自动化水平,保证产品出入库时效,提升了仓储管理的效率。

仓储AGV机器人是基于5G技术研发出来的,更加灵活,自动化程度更高。每辆机器人小车上都有通信模块，可以扫描周围的环境，并将相应信息通过5G网络传输到智能服务器上。智能服务器具有AI控制能力，可以及时处理机器人小车遇到的问题以及其他诉求。

随着5G技术的不断发展，机器人小车的工作效率不断提升。在物流仓储方面，仓储AGV机器人结合AI技术进行仓储管理，借助无线网络控制，仓储AGV机器人能够将货架搬起，顺畅地在仓库中移动，根据指令将货架运送到指定位置，并平稳地放下。

仓储AGV机器人在很大程度上节约了人力成本，减少了工作量，降低了失误率，提升了物流运输效率。仓储AGV机器人的运用是物流行业的一大发展趋势。

2.快递配送机器人

配送是物流环节中的一个重要组成部分，将机器人应用于物流配送环节，可以节省人力成本，提高配送效率，改善消费者的网购体验。目前，快递配送机器人越来越多，并且已经在一些试点城市投放，未来将实现全面普及。京东的快递配送机器人如图10-2所示。

图10-2　京东的快递配送机器人

快递配送机器人能够承受200斤左右的重量，快递员将需要配送的快递放入机器人的小格子内，然后机器人会根据收货人的地址和具体环境自动规划出一条合适的线路。距离目的地较近时，机器人会向收货人发送一条信息，信息中包含机器人到达的时间与地点，提醒收货人前来取件。如果收货人不方便取件，需要通过指定的App告知，机器人会为收货人规划下一次配送时间，并且再次进行取件提醒。机器人到达目的地时，会向收货人发送取件码，收货人可以凭借取件码收取快递。

机器人在配送的过程中是相对稳定与安全的，它们的身上安装了很多传感器，可以360°无死角地感知周围的环境。面对障碍物、车辆、行人，机器人都可以安全地躲过，并且能够准确地判断红绿灯，不会对交通产生任何干扰。它的增减速切换功能十分灵敏，不会给人们的出行造成阻碍。

快递配送机器人拥有数字地图，可以在最短的时间内熟悉周围的环境。在每天工作任务结束之后，快递配送机器人会自动前往指定地点充电，为第二天的正常工作提供保障。

这种配送机器人在早期运用激光感应模式，完善后采用视觉感应模式。在恶劣天气下，配送机器人存在一些问题。随着技术不断进步，这些问题将会得到解决。目前，配送机器人已经发展到第三代，不但配送地点增多，而且工作时间延长，工作环境从半封闭发展到开放状态。

相信经过后期的不断研发与改进，快递配送机器人能够适用于更多的配送场景，实现全面普及。未来，消费者可能会自行购买属于自己的机器人。货物运输到指定地点，物流企业的分拣机器人进行商品的拣选与分类，之后交到消费者的智能机器人手中，由它们将快递带回家。

3.智能叉车

叉车在物流行业中得到广泛应用,为货物拣选与运输提供方便。随着各种创新技术的应用,智慧物流得到进一步发展,对叉车提出了更高的应用要求。由此,催生了智能叉车,如图10-3所示。

图10-3 智能叉车

智能叉车搭载了条码识别、无线传输等技术,工作水平与复合能力得到提升,促进智慧物流的实现。

根据市场与企业的需求,东大集成企业推出智能叉车新方案,将AUTOID Pad、扫描枪、集线盒应用于叉车上。东大集成企业将软件技术与硬件技术融合在一起,将叉车系统与仓储管理相结合,提升物流运输整体流程的智能化水平。

AUTOID Pad拥有7英寸的大屏幕,适合处理信息,便于携带。AUTOID Pad支持5G网络,设计独特,信号强度较高,抗干扰能力较强,能在嘈杂的仓储环境中平稳运行,提升了物流运输效率。AUTOID Pad的电池容量较大,能连续运行12个小时,先进的扫描引擎,能实现极速扫描。

将AUTOID Pad应用于叉车上,开启扫描功能之后,扫描枪会自动扫描货物的条码并上传到AUTOID Pad上。工作人员可以通过无线终端对货物进行系统的管理，在较短时间内，工作人员可以在偌大的仓储中心找到需要的货物，或者将新运来的货物放在指定位置。

这样工作人员不仅可以掌握货物的真实数据，方便货物的调配，而且货物出入库与上下架、货物移动、剩余库存等信息一目了然，实现了物流仓储的精细化管理。

智能叉车不仅降低了物流企业的人力成本，提高了物流运输效率，而且能够优化物流运输流程，推动了物流运输智能化、透明化、自动化发展。

10.2 如何打造数字化物流

在高度互联的数字化时代，各行各业都迎来了发展的新机遇，物流行业也不例外，步入数字物流时代。实现物流的数字化转型，打造数字化物流，已经成为各大物流企业的共识。物流企业可以借助补货模型、动态运输网络、数字化系统，打造数字化物流。

10.2.1 利用补货模型，实现智能补货

在过去，各个仓库由不同的负责人管理，仓库之间相互独立，这加大了企业库存管理的难度。通常情况下，企业会增加库存，防止影响产品销量。但由于数据不互通，企业难以实现产品的合理调度，最终导致库存积压，占用大量的资金与仓储空间，出现亏损。

对于企业而言，产品可以对其行业地位产生直接影响，产品的销售情况会受到天气、价格、营销等多种因素的影响，产品的库存出现问题就等于为竞争对手提供了一个抢占市场的机会。如果企业可以建立补货模型，

实现智能补货,就可以很好地解决这个问题,迅速拉开自身与竞争对手之间的差距。

利用补货模型实现智能补货,其实就是企业利用大数据、AI、物联网等技术帮助门店制定补货策略,具体步骤如下。

第一步,收集库存数据。

掌握数据,便能实现更好的管理。企业可以将各个仓库的库存数据统一记录在补货模型中,方便管理人员调取。同时,企业要对产品库存的变化情况进行实时更新,为每个对产品销量产生重大影响的因素建立专门的数据库。企业掌握的数据越多,建立的补货模型就越精准。

第二步,考察整条供应链。

在将产品的库存信息进行整合后,企业还需要对整条供应链进行全面考察,了解从订单产生、供应商响应到产品送达的全过程,从而实现供货路径最简化,实现联合补货,进一步提升自身的库存管理水平。

第三步,搭建模型框架。

企业需要将在第一步、第二步中收集的信息进行梳理,将数据分类处理,找出它们之间隐含的逻辑关系,再向其中填充内容,这样智能补货模型的基础框架就搭建完成了。同时,企业还需要针对产品销量出现的明显波动进行分析,并制定相应的解决方案。

第四步,完善补货模型。

首次搭建的补货模型势必存在数据偏差,因此企业还要在使用过程中对其进行进一步的完善,验证模型中是否缺失关键步骤、是否存在不适用的场景。

补货模型可以有针对性地解决产品的库存问题,提高企业的资金周转率,有效减少无用库存。

10.2.2 动态运输网络实现物流信息化

随着消费者与企业之间关系的变化，企业经营管理的方式从推动式转变为拉动式。原本企业的服务对象为经销商，订单量少，但单笔订单的数额较大，产品的运输较为稳定。时至今日，企业的服务对象变为用户，订单量大幅增加，但单笔订单的数额骤减，订单来源渠道越来越多元化。在这种情况下，必须有灵活、多变的动态运输网络，以实现物流信息化，如图10-4所示。

信息与身份的双重透明，是搭建动态运输网络的前提。其中，信息透明是企业最基本的诉求，即企业可以通过网页端、移动端实时获取与承运人、托运人、服务机构等参与者相关的信息。信息透明可以增强对承运人的约束力，使物流运输更高效。身份透明则更进一步，是企业基础诉求的升级，即企业可以清晰地了解全链条中各个环节的进展及其负责人是谁。这样使得各环节的职责更清晰，简化了后期的对接工作。

物流信息化、流程数字化是打造动态运输网络的基础。物联网、云计算、区块链等先进的互联网技术将成为催生新物流模式的重要推动力。这种灵活、多变的动态运输网络可以进一步推动供应链的数字化转型。

10.2.3 数字化系统连接上下游企业

在大数据时代，数据成为推动社会进步的核心引擎。如今，越来越多的企业开始利用互联网技术建立协同的数字化系统，实现企业间的数据共享，进一步提升供应端对用户需求的响应速度。

沃尔玛围绕自身定位进行门店布局，强化资源优势，加强价值链管理。在打造协同的数字化系统后，沃尔玛与供应商建立起互惠互利的合作关系，获得了关键资源的控制权。其创始人山姆·沃尔顿曾说："人们常常

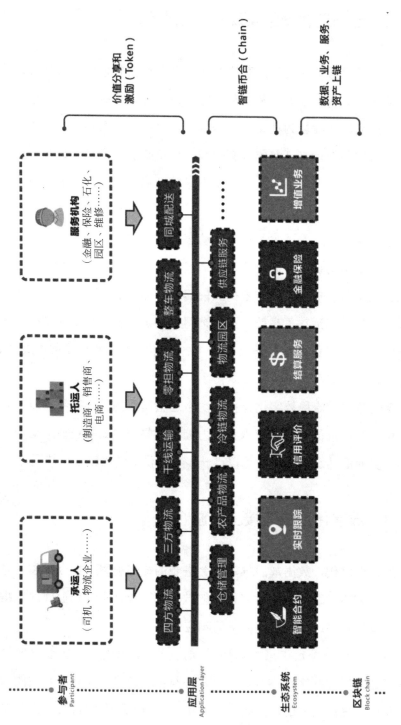

图10-4 动态运输网络

认为，沃尔玛是通过在小城镇提供大商场而做大的。其实，我们通过用信息代替库存来扩大规模。"

为了进一步推进数字化转型，沃尔玛发射了自己的商业卫星，实现了全球范围内的信息互通。其全球数千家门店的产品数据，均在信息系统上实时更新，大幅降低了工作人员进行产品管理的难度。同时，工作人员可以在信息系统中实时查询产品的单价、库存、销售量、储藏地等基础信息，这显著提升了沃尔玛与供应商的沟通效率，进一步增强了沃尔玛的竞争优势。

数字化转型是企业发展的必然趋势，企业不仅要从自身出发，推动企业内部的数字化转型，还要从产业链的角度出发，建立协同的数字化系统，提升企业与供应商的合作效率，加速产业链闭环的形成，进一步推动整个产业的数字化转型进程。

10.3 跟着数字化先锋学习物流转型技巧

如今，融入新技术的物流行业朝着立体、多维的方向发展。在线采购、云仓储、车货匹配等新场景、新业态的普及和应用，推动了数字化物流的发展，为企业的可持续发展提供了重要保障。本节将通过3个案例讲述数字化先锋进行物流转型的技巧。

10.3.1 徐工：借助"云轨道"实现自动化装载传送

连续多年稳坐我国工程机械行业"头把交椅"的徐工装载机智能基地（以下简称"徐工"）设有一条由计算机程序控制的自动化装载传送轨

道——云轨道。这条云轨道可直通码头，完成物料接收。

云轨道会通过"云"发出数据，通过显示屏显示需要卸下来的货物。为了避免出现差错，轨道上有贴着条码的专用托盘。供应商只需要用扫码枪扫描托盘上面的条码，就可以将托盘与物料一对一绑定。物料通过云轨道运输到徐工的工厂里，物料进入工厂后，会有专门的转运系统进行转运，最终送到设置好的生产线上。

传统制造企业中经常发生领错物料的事情，原因可能有两个：一是员工对接时出现纰漏；二是新手很难区分相似物料。即使流程很严谨，也有可能出现大规模领错物料的事情，从而使企业遭受严重损失。

徐工的云轨道能有效避免领错物料的事情发生。当ERP系统中生成新的生产计划时，MES（Manufacturing Execution System，制造执行系统）会将其局部分解成多个物料配送清单。这样供应商就可以知道什么车间的什么生产环节需要什么物料。供应商接到配货指令后，会把不同的物料集合在一起，分别打上条码，直至扫描收货。

云轨道解决了传统制造企业很难解决的一个问题：按需配送。具体来说，因为需求是动态的，所以人为很难甚至无法完成实时配送，而云轨道可以实时发出指令，实现按需配送。

10.3.2 华为：围绕用户进行供应链建设

华为CEO任正非曾表示，服务用户是华为存在的唯一理由。这也体现了华为的核心经营理念——一切以用户为中心，这一理念同样体现在华为的供应链建设上。

以华为供应链变革项目ISC为例，ISC项目是一个以用户为中心的集成供应链变革项目。该项目覆盖了采购、制造、营销、用户服务等多个环节，具备较高的灵活性和较强的快速反应能力。ISC强调以用户需求为牵引,致力于实现供需的最优连接。

在ISC项目的前期阶段,IBM顾问通过对业务部门的调查发现了供应链存在的组织问题、流程问题和IT问题。于是,ISC项目负责人决定基于SCOR(Supply-Chain Operations Reference,供应链运作参考)模型对供应链进行优化。SCOR模型的前端是供应商,后端是用户,从前端到后端,涉及采购、制造、物流等多个环节。ISC项目将各个分散的环节与用户订单结合起来,建造了ISC集成供应链主流程的顶层结构。

此外,ISC项目将供应链与销售看作一个整体,致力于使供应链运营规划和销售预测达到集成效果,从而使供应链能够高效运营。同时,华为在其销售部、生产部、采购部定期召开ISC项目会议,分析用户需求和自身供应能力的差距,总结可以弥补差距的措施,在采购、生产、发货等方面竭力满足用户需求。

ISC项目的全球物流和全球订单统一管理也是重点。以前的业务凭借大量的海外第三方和第四方物流,在物流运输上有一定的风险。在ISC集成供应链中,华为选取全球顶尖的物流公司作为供应商,从而为物流供应提供更可靠的保证。

ISC项目推动了华为供应链的变革,实现了华为供应链全流程的主动衔接和响应,使华为更好地为用户服务,保障用户利益。华为的供应链变革对很多企业的物流数字化转型都具有很重要的借鉴意义。

10.3.3 宝洁:引进"千场千链"模式

宝洁在物流变革中引进"千场千链"模式,即在面对"千店千面"的商业环境和"千人千面"的消费者时,能够快速响应实时需求、预测未来需求,提供并执行千种各具特色的物流运营方案。在打造"千场千链"模式的过程中,宝洁主要采取了以下4种措施。

1. 建立更高效的生产、流通链路

首先，宝洁对生产流程和运输流程分别进行了智能化升级，竭力提升供应链的单点效率。在生产流程上，宝洁借助工业4.0科技实现智能制造，提升柔性生产能力和自动化生产能力，提升生产效率。此外，宝洁与阿里巴巴强强联合，借助电商平台的大数据分析能力预测用户需求，研发适销对路的新产品，最大化地满足用户需求。

在运输流程上，为了缩短产品与用户之间的流通链路，宝洁重新构建了物流网络，将单一的一级分销供应链升级为双层级的动态网络架构。其中，第一层为大型物流中心，第二层为前置分销中心。

2. 打造全链路的数字化协同运作模式

宝洁深入推进全链路的智能化和数字化，提升物流运输全链路效能。宝洁借助统一的数字化架构进行物流网络设计，并不断优化物流决策，营造可追溯、可识别、可互动的物流运营环境。

在协同各端制定最优物流决策上，宝洁推动流程的自动化，用AI替代人力，在一定程度上避免了人为的工作差异，提高了物流运营效率。此外，宝洁还通过数字孪生技术对实时数据进行数据建模，并仿真模拟解决方案的实际应用效果。

3. 实现仓储的降本增效

宝洁联合分销商借助智能预测实现智能补货。宝洁基于门店补货规律和供应链的响应能力，借助统一的算法，实现对仓储及销量的预测。同时，宝洁与B端用户合作，协同促进订单量提升，进一步提升物流响应速度。

宝洁还开发了"大数据产品风向标"全域数据与智能标签平台。该平台结合人、货、场数据，帮助零售商实时追踪市场动向，为用户在适当的

场域提供货品匹配。

4. 提升电商订单响应率

宝洁在电商运营方面开创了工厂直发用户的新模式，从接收订单到发货，最快只需要100秒，极大地提升了电商平台订单响应率。同时，宝洁还借助三级仓网打造自动化物流，从而保证订单的时效性。宝洁的计划运筹中心基于用户订单结构、不同仓库的库存和响应能力，为每笔订单规划最优运输路线。宝洁的自动化物流以多级动态仓网降低了全链路运输成本，提升了物流运输时效，同时也大幅提升了用户的购物体验和物流体验。

宝洁的"千场千链"模式深刻贯彻了"以用户为本"的经营理念和协同发展的原则，提升了物流运输链路的灵活性。宝洁不仅在内部实现了协同高效运作，还在外部实现了与合作伙伴协同发展，成功打造了"千场千链"物流运输模式。

第 11 章 数字化赋能采购

数字化浪潮席卷而来,在巨大的生存压力下,企业只有使采购更灵活、更高效,才能在新时代更好地平衡投入产出比,实现降本增效。对于企业来说,采购数字化转型刻不容缓。

11.1 采购3.0:数字化时代的产物

数字化时代推动采购从1.0阶段升级到3.0阶段。在采购3.0阶段,企业要及时引进AI、物联网、大数据等技术,积极推动采购流程变革,提高采购效率。

11.1.1 采购编年史:从采购1.0到采购3.0

采购升级的两个维度主要是关键主体与关键手段。从采购1.0到采购3.0,每个采购阶段的特点各不相同,策略也不相同。在初创期,企业往往处于采购1.0阶段,该阶段主要具备以下3个特征。

(1)物品类别分散。在采购1.0阶段,企业一般只集中管理与生产直接相关的物资采购,行政、人力、销售等职能部门的物资大多由部门自行采购。由于各部门缺乏统一的安排和调配,采购的物品类别往往较为分散,以致无法形成规模效应。

(2)绩效管理靠"人"。从接到客户需求开始,开发、谈判、签订合同、跟单、付款等事项基本全由采购员一人负责,采购员权力缺乏监管往往会引发一定的采购风险。为了避免采购风险,部分企业会增添一些审核环节,这在一定程度上降低了采购风险,但也形成了采购手续烦琐、采购效率低下的弊端。

(3)忙业务,少管理。采购部的工作人员一般都忙于和供应商谈判、催货等事项,对采购战略制定、数据分析等工作不够重视,以致难以实现对采购业务的充分管理和优化。

采购2.0通过制度与流程建设,着力于实现采购管理的阳光化、规范化。以下是该阶段的3个主要特征。

(1)管理集中化。在采购2.0阶段,为了规范采购管理制度,企业往往集中管理各个部门的采购工作。除原材料外,企业将MRO(Maintenance,Repair and Operating,维修与作业耗材)类采购、服务行政类采购、建设工程类采购等采购需求集中到采购部门,所需物资由采购部门统一采购。

随着业务的发展,为了解决各部门由于需求分散、信息不畅而导致的重复采购、重复储备等问题,企业着手对各部门的采购需求进行整合,以尽可能地降低采购成本。

(2)过程阳光化。企业对内强化管理职能,健全管理制度,对外鼓励更多优质供应商参与竞争,并按照一定的标准对供应商进行择优选择,从而使采购过程更加透明化、阳光化。

（3）分工专业化。为了规避采购风险，企业往往把采购过程分段处理，将"采"与"购"两大职能分离，提升分工的专业化。

在采购2.0后期，随着招标工作的不断进行，企业逐渐意识到降低采购成本的重要性。于是，在采购3.0阶段，企业以降低采购成本为主要目标，开始寻求跨部门的沟通与协作。

在企业发展壮大的过程中，由于文化、考核、管理者等多种因素，部门之间容易形成"部门墙"，也就是各部门往往只关注自己部门的绩效，很少有人站在总成本的角度考虑问题，导致企业内耗严重。于是，企业需要开展"拆墙"活动，从仅靠采购部降本增效向跨部门协作转变，使各部门在采购方面达成高度的战略共识。

在市场形势复杂多变的时代背景下，企业供应链面临的风险也越来越大。在这种情况下，企业亟须提升采购管理能力，重新定位采购功能，更新采购模式，以提升采购模式的市场响应能力。

11.1.2 做好数字化采购的关键点

企业在推动采购实现数字化转型时，切勿生搬硬套其他企业的经验。企业应根据自身特点，围绕数字化转型核心，探索符合自身发展的采购数字化转型之道。以下是数字化采购的3个关键点。

1.采购技术的运用

企业在建立数字化采购系统时可以融合多种数字化技术，连接供应链中的各个环节，实现真正的数据互联。企业可以在建立数字化采购系统的过程中，广泛地利用5G技术实现采购信息的及时传输，提升采购效率。企业应在采购环节中充分融入数字化技术，挖掘数字化技术的价值。

2. 采购流程的规范

企业的数字化采购应以端到端的业务流程为基础，通过信息集成系统，提升采购管理的透明度，实现预算、需求分析、寻源、寄售、库存、付款等环节的数字化变革。同时，数字化采购可以突破地域和行业限制，对供应商全生命周期进行管理，如图11-1所示。

3. 采购数据的共享

在内部，企业应促进各部门间采购数据的共享，使得采购、生产、销售、人力、行政等部门对企业物资消耗及成本投入有一定的了解，促使各部门在源头上降本增效。

在外部，企业应尽可能地实现与供应商、用户之间的数据共享。数据共享是一项长期工作，企业可以将战略用户与战略供应商作为数据共享的切入点，搭建数据共享框架，从线到面地建立规范化的数据共享平台。

随着数字化时代的到来，传统的采购模式已无法满足企业数字化发展的需要，数字化采购是时代发展的大趋势。但实现采购数字化转型并非易事，企业应竭力解决数字化采购的核心问题，借助技术充分发挥供应链中采购环节的作用，开辟采购数字化发展空间。

11.1.3　实现数字化采购的五大要素

在数字化采购模式下，采购人员可以通过移动设备实时查看支出情况。同时，采购系统能为采购人员提供更全面的视角，优化采购决策，提升采购效率。以下是企业实现数字化采购的5个要点。

1. 数据

通常情况下，采购部门只负责对产品原料、机械设备等生产资料的支

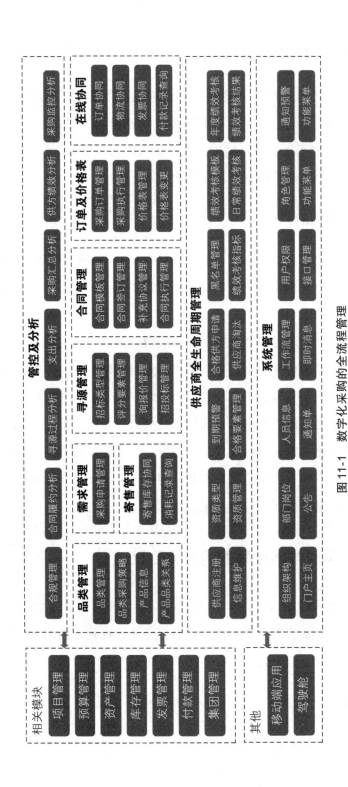

图 11-1 数字化采购的全流程管理

出情况进行收集与整理，而对供应商的库存情况、市场的波动情况等相关数据没有足够重视，从而使企业难以做出最优的商业决策。

数字化采购系统能够帮助企业扩大数据收集的范围，与采购相关的其他数据同样值得收集。例如，在了解市场价格的波动情况后，企业就可以计算出资产成本及价格杠杆，从而使采购决策更合理。

2. 技术

数据是实现数字化采购的前提，AI、大数据等先进技术则是数字化采购的原动力。企业将这些技术与业务进行有机结合，便可以更好地实现业务流程的自动化、智能化，从而全面提升数据处理效率，优化采购决策。

3. 使用体验

采购人员是数字化采购系统的直接使用者，使用的人数越多，系统收集到的数据越多，后续的采购效率也就越高。因此，企业需要对采购系统进行全方位优化，提升采购人员的使用体验。企业可以将采购系统做成门户网站的形式，在后台进行复杂的计算，在前台展现结果，以便于采购人员进行决策。

4. 专业团队

数字化采购系统的构建需要专业的技术团队的支持。这个团队中至少需要4种专家，即构建数据模型的数据专家、判断数据关联性的采购专家、熟悉技术及软件的IT专家和提升使用体验的设计专家。

只有这样，数字化采购系统才能从数字化的全局视角出发，对整个采购活动进行系统、整体的规划，从而实现采购决策的最优化、采购效益的最大化。

5.运作模式

数字化采购系统提升了采购人员的数据采集效率,为企业与供应商之间的合作创造了新的方式。企业应对原有的制度及流程进行梳理,对采购部门的运作模式进行调整,让采购人员可以充分利用数字化采购系统中的各项功能。

在掌握上述要点后,企业便可以根据自身采购需要构建更灵活、更高效的数字化采购系统,推动采购数字化进程。

11.2 新型采购模式:共享+协作

如今,传统采购模式逐渐暴露出信息不对称、更新不及时等弊端。这意味着企业必须建立符合数字化趋势的新型采购模式,如共享采购、协作采购等,以适应复杂的外部环境。

11.2.1 共享采购:迎合采购集约化趋势

全球范围内原料价格的上涨进一步增加了经济环境的不确定性,企业亟须摆脱旧有模式,增强采购风险的防控意识,提升采购工作的集约化程度,建立共享型采购系统。

互联网具有共享的属性,借助互联网,企业可以更快地接入全球的资源和服务,并借助第三方采购平台进行集中采购,形成规模经济。互联网将线上的信息整合与线下的采购过程有机结合,以最低的成本创造最大的价值。低成本、多元化的共享采购模式将代替传统的线性、封闭的采购模式,推动社会资源交换。

随着新一代技术的广泛应用,企业的采购模式由面向供应链的电子采购转变为面向社会的互联网采购。共享成为新型采购模式的重要特征,极大地提升了采购效率和质量,帮助企业更好、更快地创新业务模式,降低运营风险。

共享可以是企业内部各个部门之间的共享,也可以是不同企业之间的共享。共享采购实现了采购的专业化分工,企业可以用最低的成本获取采购服务。如今,越来越多的企业借助共享采购模式实现了采购的数字化转型,向社会化的智慧采购新生态迈进。

11.2.2 协作采购:兼顾内部与外部协作

企业在进行采购管理时,应培养优秀的人才和组织,实现协作采购。企业在注重采购的内部协作的同时,也应注重采购的外部协作。

1.内部协作

内部协作需要人才和组织架构的支持。战略协作采购涉及交货期、货物质量、采购流程维护等事项,这要求采购人员和企业各部门能够进行充分、有效的合作。因此,企业要注重采购人员和采购组织的培养与建设。

企业在招聘采购人员时,不仅要注重其经验,还应注重其对支出门类的理解。研究发现,拥有专家型采购人才的企业更容易提升采购环节在企业内部的可信度。企业应将采购的组织架构覆盖整个企业,并设立首席采购官,使采购部门能够和生产部门、财务部门、销售部门进行充分的协调和互动。同时,采购模式应从被动响应向主动协作转变,采购职能应从事务性工作向专业性工作转变,以增强内部协作能力。

2.外部协作

在外部资源管理上,企业可以和供应商建立合作伙伴关系,通过提供教育培训和信息反馈,提升供应商的供货质量。企业也可以参与供应商的产品设计和产品质量控制等过程,建立层次丰富的供应商网络,以加强外部资源管理。

此外,企业可以以技术为支撑搭建协作采购管理平台,更好地实现协作采购。

首先,企业可以通过协作采购管理平台进行采购预测。企业将所期望的服务水平和产品效果提供给供应商,供应商可以将其所能提供的服务反馈给企业。其次,企业可以进行库存信息的协作。企业及时将物料库存情况反馈给供应商,提升供应商对上游企业的可视性,从而提高供应商的交货效率。再次,企业可以进行采购计划的协作。企业可以将采购计划传达给上游供应商,供应商根据企业采购计划进行合理的生产。最后,企业可以进行产品设计的协作。在研发新产品时,企业可以将新产品的零部件需求及时传达给供应商,以确保供应商能够在第一时间给企业供货。

为了实现协作采购,企业必须对供应商的特征进行充分的分析和了解,从而更好地和供应商建立协作关系,畅通并优化协作采购流程。

11.3 如何实现采购的全流程数字化

采购是提升企业运营效率的重要环节。为了控制这个环节的风险,也为了提高供应商的稳定性,企业需要重新定义这个环节,做到全流程数字化、专业化。

11.3.1　采购前期：电子招投标

随着互联网平台的迅猛发展，数字化采购这一新型采购模式应运而生。数字化采购借助互联网平台和大数据、AI、云计算等技术，使采购更加便捷、高效。

数字化采购的电子招投标功能能够为企业及供应商提供一站式招投标服务。电子招投标功能通过在线管理、运行招标，使整个流程更加条理化，使招标业务更加规范化。电子招投标功能能够自动管理招标文件，这使得采购人员能够把更多的精力用在其他事项上，节省时间和人力成本。电子招投标功能能够实现预审、招标、评标、授标全流程自动化，大幅提升了招投标效率。电子招投标功能使招投标进度全程可视，使采购流程更加智能、清晰。电子招投标的具体实施流程如下。

在邀请招标模式下，采购方招标立项时要邀请供应商参与招标。被邀请的供应商可以自行选择是否接受邀请，供应商接受邀请后即可在线参与投标、开标、评标、定标。

在公开招标模式下，采购方招标立项后需要在协作采购管理平台上向供应商发送招标公告，供应商看到招标公告可以报名招标，然后在线参与投标、开标、评标、定标。

电子招投标功能能够帮助企业实现招投标全流程的规范化管理，同时提升招投标流程的透明化和可视化，为企业提供更便捷的招投标服务。

11.3.2　采购中期：采购与合同管理

采购合同管理是企业采购管理中的一项重要工作。数字化采购系统可实现端到端的合同协作化、无纸化，支持多方在线编辑合同，实时呈现合同变动。

在数字化采购系统中，企业可以自定义各种标准的合同模板，由合同模板生成合同文本，从而避免人为因素引发的合同风险。采购系统支持灵活定义合同类型，满足企业对不同合同类型的需求。同时，采购系统能够提供电子签章，合同签订双方可以通过电子方式签订合同，实现合同签订的多方位数字化。采购系统还支持自定义变更采购方案，使采购合同具备更高的灵活性和敏捷性。

在新阶段、新形势下，企业应加强创新驱动，构建在线采购管理平台，加快业务、服务的数字化升级。数字化采购系统将助力企业实现高质量发展，不断开创数字化发展新格局。

11.3.3 采购后期：财务结算协同

传统财务结算模式以制度为导向，将发票作为内容主体，导致财务结算信息不能完全体现实际业务的发展状况。此外，传统财务结算模式不仅流程烦琐、效率低下，还会阻碍管理人员的决策，给企业造成一定的损失。

数字化采购系统能够借助机器学习、语音识别、规则引擎等技术，实现财务结算自动化，大幅提升财务结算效率，从深层次上颠覆了财务结算模式。

技术是实现财务结算协同的基础。随着技术的发展，嵌入式分析、OCR（Optical Character Recognition，光学字符识别）等技术使财务结算越来越智能。如今，在AI的支持下，财务结算能够实现人机互动。数字化采购系统的财务结算功能可以直接接收管理人员的语音指令，并在后台将其转换为计算机语言，回应管理人员的需求。

财务结算功能将那些重复性较强的财务工作进行结构化处理，将财务人员从繁重、机械的工作中解放出来。财务结算功能对业务数据进行记录与传输，为各个部门提供可视化的财务分析报告，让数据为财务赋能。

11.3.4　FMEA：有效控制和降低采购风险

FMEA（Failure Mode and Effect Analysis，失效模式和效应分析）是一种用来确定现有或潜在失效模式的分析工具，可以降低采购风险，提高采购风险评估的全面性、客观性和准确性，为企业采购风险管控提供可靠的依据。

FMEA主要从以下3个维度定量风险。

（1）严重度：衡量危害后果的尺度。严重度用来评价风险发生的影响，严重度评分越高，风险产生的影响就越大。

（2）频度：特定事件发生的可能性。频度用来评价风险发生的可能性，频度评分越高，风险发生的可能性就越大。

（3）不可探测度：探测企业管控风险的能力。不可探测度用来判断企业预防、感知风险的能力，不可探测度评分越高，企业预防和感知风险的能力就越弱。

FMEA通过对采购风险进行预测和实时分析，大幅提高了企业采购计划的执行效率，帮助企业更好地管理供应商，提高采购的敏捷性。

第12章 数字化赋能财务

数字化转型会对企业的方方面面产生影响,财务工作也不例外。数字化赋能财务,使得财务管理从"核算反映型"转变为"智能决策型",从"管理控制型"转变为"决策支持型"。这些转变有利于降低企业的运营成本,提升企业的运营效率,实现财务工作的创新发展。

12.1 财务转型是大势所趋

财务数字化转型是企业运用云计算、大数据等技术再造业务流程,提升财务运营效率,从而更好地支持管理、辅助经营和决策。财务数字化转型是大势所趋,企业的财务人员要走出思维定式,重新思考并制定财务管理方案。

12.1.1 财务转型的必然性

互联网技术的快速发展,使企业的运营方式发生了转变,企业的财务管理逐渐走向数字化。当企业将流水线作业的模式引入财务管理中后,原本分散、琐碎的财务工作便可以实现集中处理,这极大地提升了财务人员的工作效率,降低了企业的运营成本。

不仅如此,这种工作模式还给财务人员的工作环境、工作方式带来了极大改变,但这些改变并未触及财务工作的核心,没有从根本上改变传统财务管理模式。传统财务管理模式还存在较大的局限性,如图12-1所示。

图12-1 传统财务管理模式的局限性

首先,传统财务管理模式中财务结算与交易过程是相互独立的,导致财务工作中出现了许多不必要的环节。例如,许多企业都需要提前申请项目预算,但预算申请过程与实际交易过程相互独立,交易完成后,许多在审批环节已经处理过的工作需要再次处理,这会提升人工成本,降低工作效率。

其次,在实现财务共享前,企业内部的财务活动通常需要通过发票计入账单,这就使得财务工作显著落后于业务活动,财务信息缺乏时效性,无法及时向管理人员反馈市场环境的变化,管理人员也因此无法及时做出决策。

最后,财务信息支撑体系同样存在问题。传统财务管理模式以制度为导向,将发票作为内容主体,这就会导致财务信息不能体现企业的实际业务,由此出现片面、失真等问题,无法满足企业业务管理需求。

传统的财务管理模式不仅流程烦琐、效率低下,还会严重阻碍管理人员制定决策，对企业的发展造成不良影响。

相较于其他部门，财务部门实现数字化转型的速度更快，效果也更明显，这也是大多数企业优先进行财务数字化转型的原因。财务部门掌握着企业发展的命脉——资金，这在很大程度上会对企业的战略决策产生影响。实现财务数字化转型可以将财务人员的工作重心从重复、机械的工作转移到企业的战略决策上，为企业实现全面数字化转型提供战略及经济支持。

12.1.2 财务数字化转型有哪些难点

财务数字化转型十分重要，但想要实现并非易事。在财务数字化转型的过程中，企业通常会遇到以下几个难点，如图12-2所示。

图12-2 财务数字化转型的难点

（1）财务管理模式不规范。财务部门的许多基础工作，如报表核算、成本控制等，都处于无人监管的状态。同时，财务核算的操作风险较大，传统的人工核算方式需要耗费大量的成本，无法应对激烈的市场竞争，更无法为企业的战略决策提供支持。不规范的财务管理模式会导致企业财务工作缺乏整体规划，缺乏对财务流程及财务人员的制度约束，最终会影响企业的经营，阻碍企业的数字化转型。

（2）财务部门运营效率低。一些企业未对财务部门予以重视，只将财务部门看作一个负责报表核算、与税务机构联络等工作的辅助性部门。一些企业没有实行责任人制度，财务部门与行政部门没有完全分开。这些都会对财务活动的正常进行产生影响。传统的财务管理模式使财务部门的各项业务割裂,使财务部门等同于一个后勤支持部门。这样不仅无法系统地进行财务管理,还严重影响到企业的财务决策效率,阻碍了产业链上下游的资源整合。

(3)财务部门信息化程度低。在实际操作中,大部分财务工作都要由人工完成,但是财务部门的信息化程度不高,许多财务人员不能熟练使用财务系统,这加大了财务部门形成信息生态的难度。

12.1.3 财务转型以"三化"为核心

规范的财务管理有助于企业的生存与发展,是企业实现数字化转型的关键。在对财务工作流程进行规范化管理后,企业便可以更清晰地了解自身财务情况,从而有效提高经费使用效率,提升财务综合管理水平。企业的财务数字化转型应以"三化"原则为核心,如图12-3所示。

图12-3 财务转型的"三化"原则

1.费用管理科学化

没有科学的费用管理办法,就无法对企业费用支付进行严格的管控。规范的财税管理一定要建立在真实的资金流动的基础上,费用支出需要由不同部门审核,同时保留相应的审核记录。企业的各项支出都需要由财务部门进行全方位评估,严格控制预算。在获得审批之后,由财务部门根据资金情况下达支出计划。此外,企业还可以建立奖惩制度或考核制度,进一步提高资金使用效率。

2.费用管理制度化

想要实现规范管理,企业需要制定费用管理制度。无论是票据、支付凭证,还是交易文件,都需要有完善的管理及审核制度,以规范财务工作流程。例如,要想建立完善的票据管理制度,就必须严格按照票据的使用环节建立管理账簿,将所有票据分类入账,及时记录并由经手人签字确认。那些突发性支出则需要由财务部门和业务部门共同监督,将行政手段和经济手段相结合,通过行政制度严格控制支出,实现经济效益最大化。

3.业务建设规范化

制定费用管理制度之后,企业还需要按照业务线与财务线对其进行细化,如图12-4所示。例如,严格落实招标采购管理制度,保证各项目及时、准确地入账;完善设备管理制度,实现设备分类管理、定期维护;优化总账核算制度,保证核算方法科学、合理。有了规范化的财务体系后,法务线、内控线便可无缝融入,保证流程可控、数据可视、业务可管、风险可控。

实现财务数字化还要求企业充分利用财务数据,搭建与产业结构相适应的财务共享平台,并在其中加入数据管理及财务分析等功能。同时,企业还要引进或培养数据架构师、分析师,提升财务数据的应用价值,充分发挥财务数据辅助决策的作用。

除此之外,企业还应该结合自身实际情况,将财务部门的监管体系植入管理系统中,从而优化财务部门的组织生态,更好地满足业务发展需求。

缺乏数字化能力的企业,将在数字化时代寸步难行。财务数字化转型可以帮助企业实现财务数据的智能化应用,形成可循环的财务生态,增强企业核心竞争力。

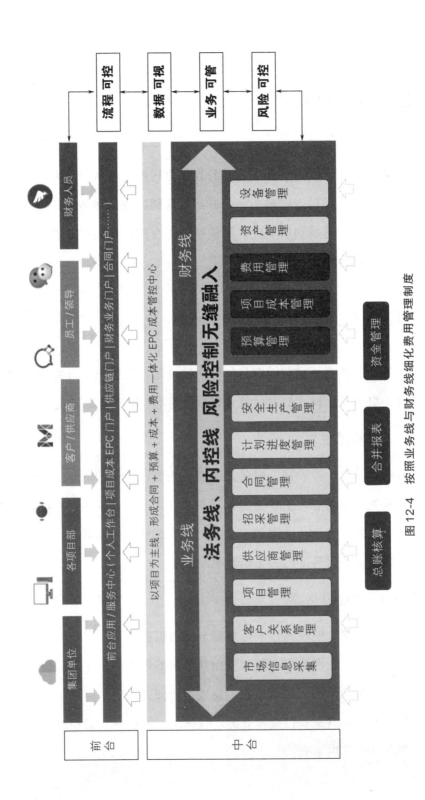

图12-4 按照业务线与财务线细化费用管理制度

12.2 数字化财务的核心是共享

财务共享不仅可以为企业实现财务数字化转型提供数据、组织、技术等多方面的支持，还可以打破空间与时间的限制，降低财务人员的沟通成本，进一步发挥财务管理的职能，解决企业现有的财务问题。因此，许多企业都将共享视为数字化财务的核心。

12.2.1 财务共享的发展趋势

技术的发展推动了企业的财务共享。随着新型数据技术与共享模式的深入融合，财务共享模式的发展趋势也日益明朗，主要有以下几个。

第一，流程柔性化。

随着技术的进一步发展，财务共享模式兴起，企业的财务工作的灵活性和可扩展性逐渐增强，工作流程也逐渐柔性化，能够满足用户的个性化需求。与此同时，自动化技术趋于成熟，共享流程也会逐渐向自动化的方向发展，显著提升财务部门的工作效率。

第二，职位虚拟化。

财务工作的复杂性较高，不可能完全交由机械负责，在互联网技术迅猛发展的趋势下，企业的财务工作开始从传统的集中办公模式向虚拟办公模式转变。如今，财务人员可以在不同城市协同办公，也可以在交通工具上进行移动办公。这是职位虚拟化的一种体现，将会在一定程度上对财务部门的管理方式产生影响。

第三，边界模糊化。

如今，许多企业选择将非核心财务工作整体或部分外包给第三方财务代理公司完成。这将直接模糊财务共享模式的组织边界，加大企业财务部门的管理难度，企业也将面临更高的财务数据泄漏风险。

第四，平台云端化。

许多企业的财务系统与业务系统融合程度较高，贸然将财务工作交由他人负责反而会阻碍企业的发展。企业将自己的财务数据迁移到云端后，就可以借助云平台实现财务与业务的无伤害分离，平台云端化也因此成为财务共享模式的发展趋势。

第五，服务一体化。

企业数字化程度的加深，使财务共享模式与其他共享模式的融合更加紧密。预算分析、税收筹划、资金管理等高价值的工作逐渐成为财务工作的一部分，共同推动了多种共享模式一体化发展。

12.2.2 在企业内部建设财务共享平台

财务共享平台是传统财务系统转型的成果，它将共享从记账、算账延伸到了业务端，给原有的财务管理模式带来了颠覆。图12-5是一个比较有代表性的财务共享平台，它以传统的财务管理模式为基础，加入了采购协同、应付共享、应收共享、主数据管理、共享运营管理、核算共享、报表共享等核心模块，加速了财务数字化转型进程。

随着电商领域的不断发展，财务共享平台将企业的财务数据与业务数据进行了融合，实现了产品原料、办公用品等资源的在线采购。同时，它还借助税务平台和OCR光学字符识别技术，将财务数据与税务数据进行

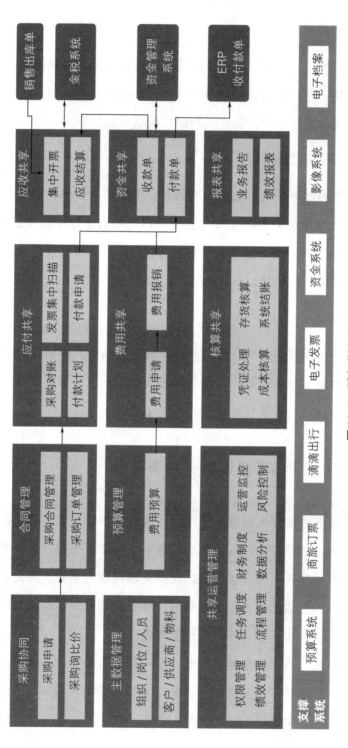

图12-5 财务共享平台

整合，改变了企业不同部门间互不关联的税务管理模式，实现了企业税务信息的一体化管控。此外，财务共享平台还借助机器学习、自然语言处理、规则引擎等技术，实现会计核算流程的自动化，大幅提升会计处理的效率。

财务共享平台借助智能技术实现了财务的智能核算，极大地提升了财务人员的工作效率，从深层次上颠覆了传统的财务管理模式。

企业在打造财务共享平台的过程中需要注意以下几个要点。

1. 流程设计

流程设计是财务共享平台成功运行的前提。流程设计很重要，但在设计过程中，往往会因为各种原因出现纰漏。例如，某企业的财务共享平台将不同的业务模块分批次地进行调试，在上线前夕才发现没有设置现金支付渠道。如果前期调研不充分，很可能导致财务共享平台没有覆盖全部业务流程。因此，企业需要专门设置流程设计团队，负责新业务的流程设计与测试，并持续对平台进行优化。

2. 平台衔接

与其他平台的衔接情况直接决定了财务共享平台的运行效率。财务共享平台集成财务系统和业务系统，可以提升整个业务流程的运行效率，减少共享平台的整体工作量。因此，在明确财务共享平台的整体业务流程后，企业就应该考虑平台的整体架构，确认各系统之间的连接方式与信息传递模式，提升共享平台的运行顺畅度。

3. 技术

技术是实现财务共享的基础。机器学习、嵌入式分析、OCR等技术使财务系统越来越智能。如今，在AI的支持下，财务共享平台的人机互动能力大幅提高，甚至可以直接接收管理人员的语音指令。财务共享平台还可以将那些重复性较强的财务工作进行结构化处理，并对业务数据进行记录与传输，让数据为财务赋能。

12.2.3 智能财务机器人加速财务共享进程

要想实现财务共享和业务、财务一体化，就必须实现机器人流程自动化。财务机器人可以将财务人员从重复的工作中解放出来，财务人员可以从事更有价值的工作。财务机器人不仅能让业务、财务顺利融合，还能有力推动企业财务数字化转型进程。

财务机器人并不是实体机器人，它的主要工作不是语言理解和交互。财务机器人是一个工作桌面，能自动识别用户界面并高效完成重复性工作。财务机器人既能独立工作，又能与财务人员交互工作，使财务人员集中注意力于关键环节。

如今，四大会计师事务所均推出了财务机器人。德勤的财务机器人可以代替财务流程中部分人工工作，实现自动化财务流程管控、信息录入、数据合并、统计汇总；普华永道的财务机器人在现有RPA（Robotic Process Automation，机器人流程自动化）技术的基础上注重规则的自动化；安永的财务机器人帮助企业探索并落实新一代RPA，可以帮助企业避免"空壳效应"，实现全流程自动化；毕马威的财务机器人注重运用数字化劳动力降低企业人力成本。

以德勤的财务机器人为例，2017年，德勤推出财务机器人"小勤人"，成为首个拥有财务机器人的会计师事务所。其财务机器人可以进行费用报销、发票开具、采购付款、订单收款、存货成本计量、纳税申报、预算管理等工作。

例如，传统的发票开具工作大概需要10分钟，使用"小勤人"后，每张发票的开具时间只需要3分钟；一名熟练的会计师需要40分钟才能完成收入确认、成本结转、月末结账等工作，"小勤人"只需要5分钟。

在税务计算方面，由于纳税主体繁多，申报数据来源不同，财务人员很难在短时间内准确识别增值税发票的真伪。而引入"小勤人"后，财务人员只需要将发票放入"小勤人"扫描仪中，OCR技术和Insight Tax Cloud发票查验助手就能在1分钟之内完成发票真伪辨别。

财务机器人的问世掀起了一场财务变革，很多基础性工作都被替代，极大地提高了组织运行效率，也促使财务人员向高价值的决策型人员转变。

财务人员要不断学习新知识、新技术，培养大局观，能基于财务数据为企业提供高价值的决策意见，而不是只会做一些基础的核算工作。与此同时，企业也要具备创新意识与危机意识，研发新技术、新系统，进一步简化财务工作流程。在数字化转型的大趋势下，不管是企业还是个人，唯有不断探索新发展路径，求新求变，才能拥抱新时代，立于不败之地。

12.3 数字化转型之税务变革

技术同样推动了企业的税务变革。无纸化入账、数字化税金管理模式以及OCR扫描技术降低了企业进行违规税务操作的风险，提升了企业税务管理的透明度，使企业的运营更合法、合规。

12.3.1 变革：无纸化时代来临

2020年3月23日，《关于规范电子会计凭证报销入账归档的通知》发布，这意味着企业的税务凭证可以仅留存电子版，不再强制要求保留纸质版。这极大地扩大了电子税务凭证的使用范围，进一步促进了企业税务全流程无纸化，为企业财税数字化转型指明了方向。

纸质票据的采集、整理、存档、查询等环节均存在管理难题。在票据采集的过程中，纸质票据的打印、查验费时费力，税务人员很难从中提取结构化数据，这使得税务系统中的资金录入与实际业务活动割裂。

在整理票据的过程中，诸如发票、收据、报表等纸质材料均需人工打印、整理、装订、归档。这种重复性强的工作需要耗费极长的时间，还容易出现错误，消磨税务人员的工作热情。

纸质票据存档不仅需要占用大量的办公空间，还需要委派专门的档案管理人员进行管理。同时，纸质票据在环境、时间、保存方式等因素的影响下，容易出现不同程度的损毁，也容易在企业搬迁的过程中丢失。

在查询纸质票据时，税务人员也会遇到许多问题。由于纸质票据与实际的业务活动是分离的，税务人员需要翻阅多本档案或登录多个系统，这极大地增加了税务人员的工作量。同时，纸质档案无法实现多人同时查阅，税务人员无法精准掌握纸质档案的借阅状态，档案外借还存在安全隐患。

在数字化时代，企业税务档案的数量必将大规模增长，纸质票据的管理存在诸多难题，传统的管理方式亟须变革。税务档案电子化、入账流程无纸化，已经成为企业实现财税数字化转型的必然要求。

如今，税务人员可以通过拍照、扫码、PDF文件上传等方式手工添加发票，税务系统会自动识别发票，自动连接税务网站对发票进行校验。同时，税务系统还可以提取发票关键信息，如税号、单位等，在实现自动入账的同时，加深企业业务活动与税务之间的联系。

无纸化的入账流程有效降低了企业进行税务管理的成本，提升了税务人员的工作效率，进一步保障了税务数据的安全，提升了税务数据的利用率，为企业实现税务数字化转型提供了强有力的支撑。

12.3.2 税金管理模式是如何变革的

在大数据、AI、云计算、物联网、区块链等一系列先进的互联网技术的推动下,企业的管理模式发生了巨大的变化,税金管理模式也发生了相应的变革。

1. 综合配置引擎

企业在进行税务核算时,应该充分考虑纳税的主体、税目、税种、税率等问题。除了满足法定的申报条件外,还要满足各项业务的申报流程。因此,在进行税金管理时,企业可以将税务计算及申报流程模板化,从而形成综合配置引擎,更好地满足各类税种的税率、抵扣规则、申报格式等要求。

2. 管理要求细化

企业的税金管理需要实现对所有业务线的覆盖,并对税种、税率、纳税主体、需求差异等问题进一步细化。其中,企业需要对税金的指标、规则、法规等问题重点关注,并进行基础配置工作。此外,企业还需要实现信息、流程等方面的共享,从而建立完善的税务管理平台。

3. 统计分析数字化

企业税金管理的内容包括税基管理、税金计算、税金支付等。在此基础上,企业还需要根据发展目标建立不同的分析模型,对税务情况进行智能化分析,给出相应的分析报告。

税务统计报表可以帮助企业多维度、全方位地对税务信息进行追踪,形成区域层面和集团层面的税务统计报告。数字化时代的税金管理模式可以显著提升企业的营业收入、盈利能力与市场估值,进一步推动企业的数字化转型进程。

12.3.3　OCR扫描与电子发票助力财务转型

OCR技术常用于图像及文字的识别。其处理流程与大多数图像识别算法一致，如图12-6所示。

图12-6　OCR的处理流程

预处理即通过灰度、倾斜校正等方式消除文本在经过拍照或扫描后出现的形变问题，提升识别结果的准确度。文字检测即确定文字所在区域，是文本识别的前提，截图、扫描件等简单文件和海报、说明书等复杂文件的检测方式不同，使用的算法也存在差异。

文本识别是OCR的核心功能，即提取文字的图像特征，将其序列化处理，使其恢复为文本格式。但对用户而言，使用OCR进行识别只是以拍照代替手写的环节而已。OCR的运作逻辑如图12-7所示。

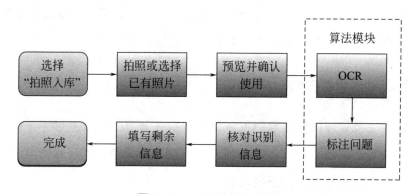

图12-7　OCR的运作逻辑

随着技术的发展，OCR被广泛用于财务管理中。如今，不少企业开始尝试将OCR与发票识别工作相结合，构建发票录入系统，极大地提升了纸质发票的录入效率。这种系统不仅同时支持纸质发票的拍照识别和电子发票的导入识别，还可以自动连接税务网站，鉴别发票真伪。

许多企业还在系统中设置了防伪和防重的功能，在录入时会自动核对发票的税号等信息，如果录入的发票存在问题或同一张发票进行了二次录入，系统都会给出相应的提示。

OCR对于对外贸易企业具有非常重要的意义。因为那些企业在交易时，大多只有收据作为交易凭证，而这些收据同样可以被OCR识别，发票录入系统可以完成对收据的智能识别，自动生成报销信息。

OCR扫描与电子发票极大地减少了财务人员的工作量，提升了财务人员的工作效率，这对于推动企业数字化转型进程有着非常重要的作用。